文物出版社六十年

1957～2017

文物出版社

图书在版编目（CIP）数据

文物出版社六十年/《文物出版社六十年》编辑小组编. -北京：文物出版社，2017.9

ISBN 978-7-5010-5208-0

Ⅰ.①文… Ⅱ.①文… Ⅲ.①文物出版社－概况－图集 Ⅳ.①G239.22-64

中国版本图书馆CIP数据核字(2017)第207180号

文物出版社六十年

编　　者：《文物出版社六十年》编辑小组

封面设计：程星涛
装帧设计：晨　舟
责任印制：陈　杰
责任编辑：周　成　窦旭耀

出版发行：文物出版社
地　　址：北京市东直门内北小街2号楼
邮　　编：100007
网　　址：http：//www.wenwu.com
邮　　箱：web@wenwu.com
制版印刷：北京荣宝燕泰印务有限公司
经　　销：新华书店
开　　本：889mm×1194mm　1/16
印　　张：13.25
版　　次：2017年9月第1版
印　　次：2017年9月第1次印刷
书　　号：ISBN 978-7-5010-5208-0
定　　价：260.00元

目录

题词书画

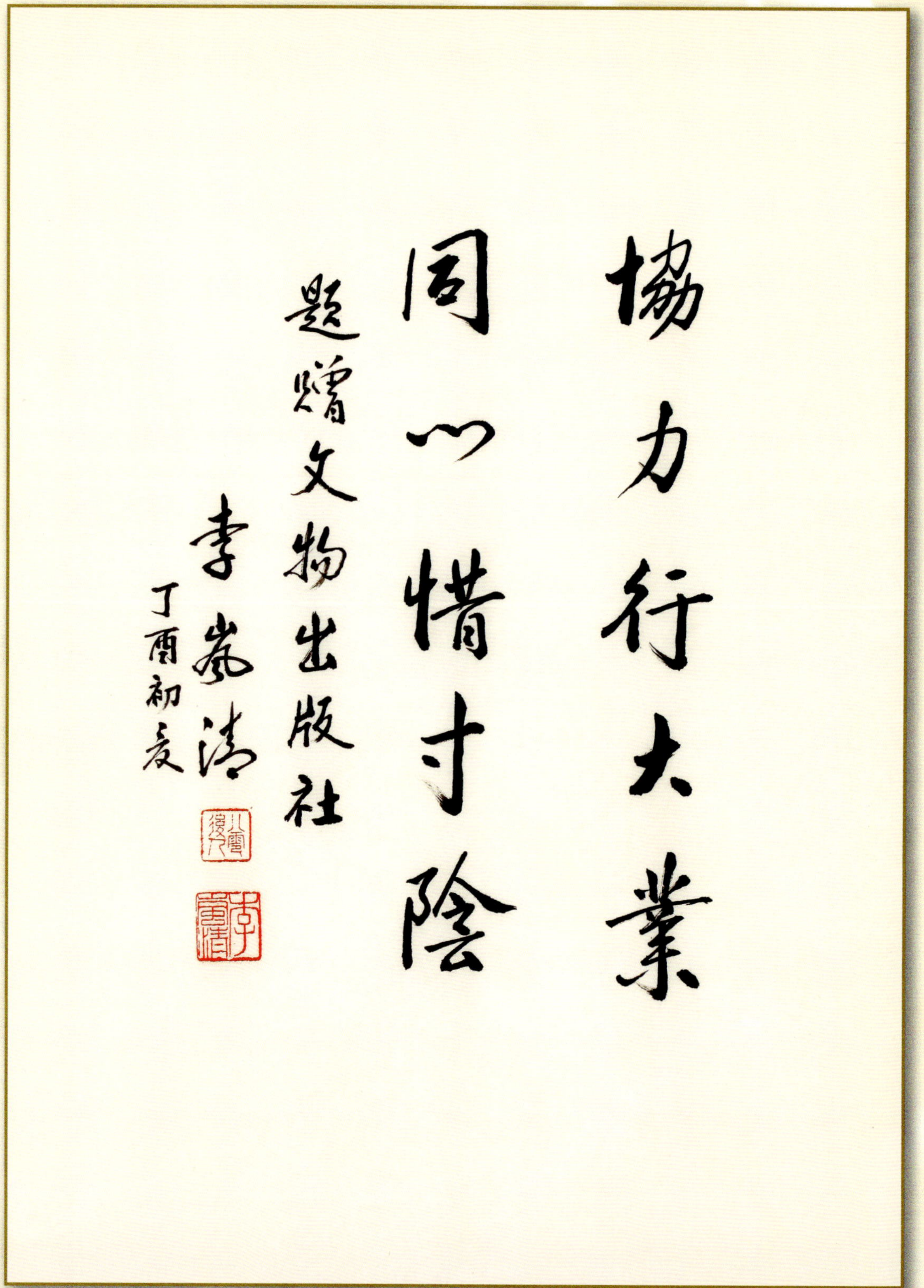

李嵐清　原中共中央政治局常委

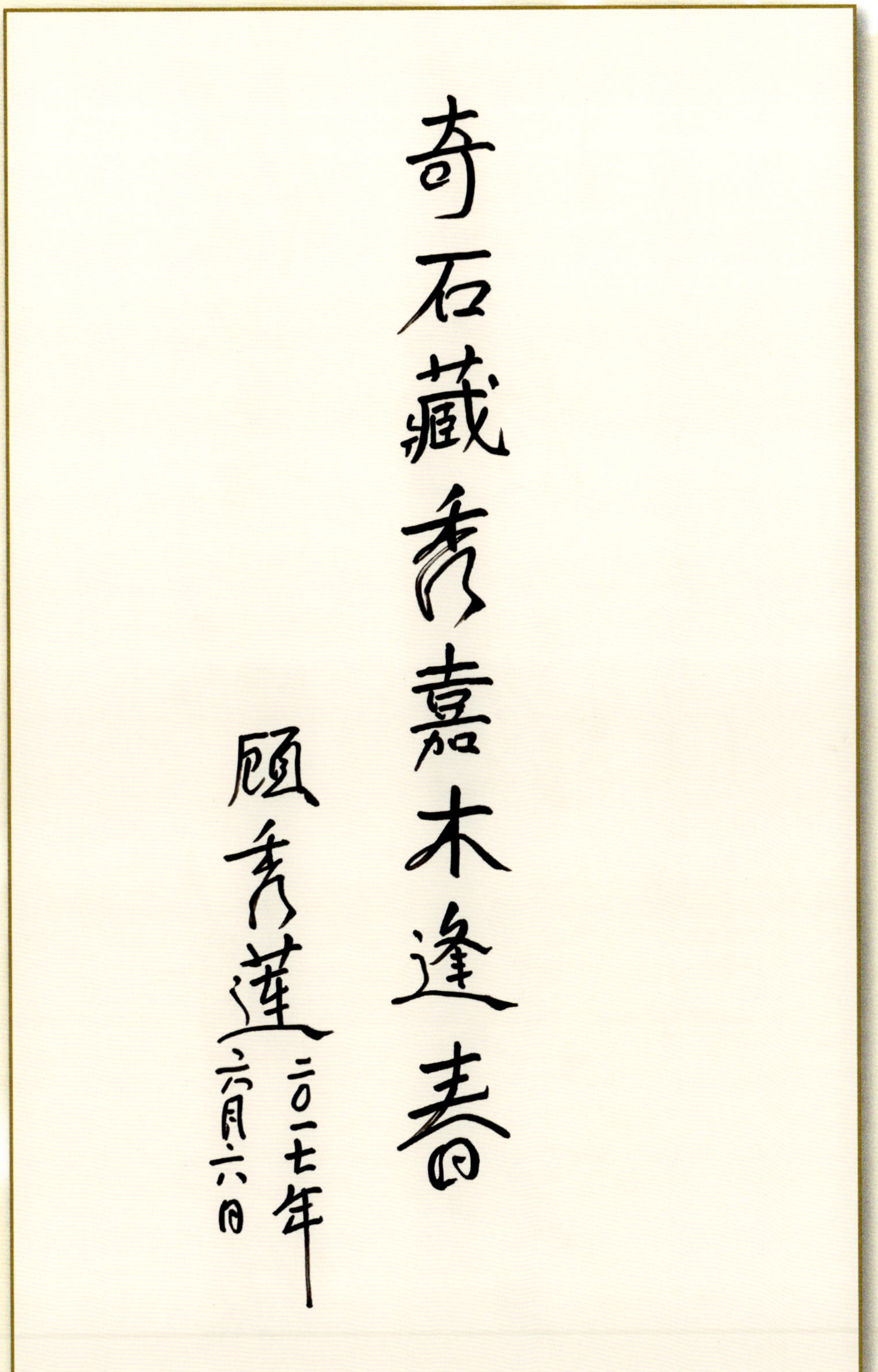

顾秀莲　原全国人大常委会副委员长

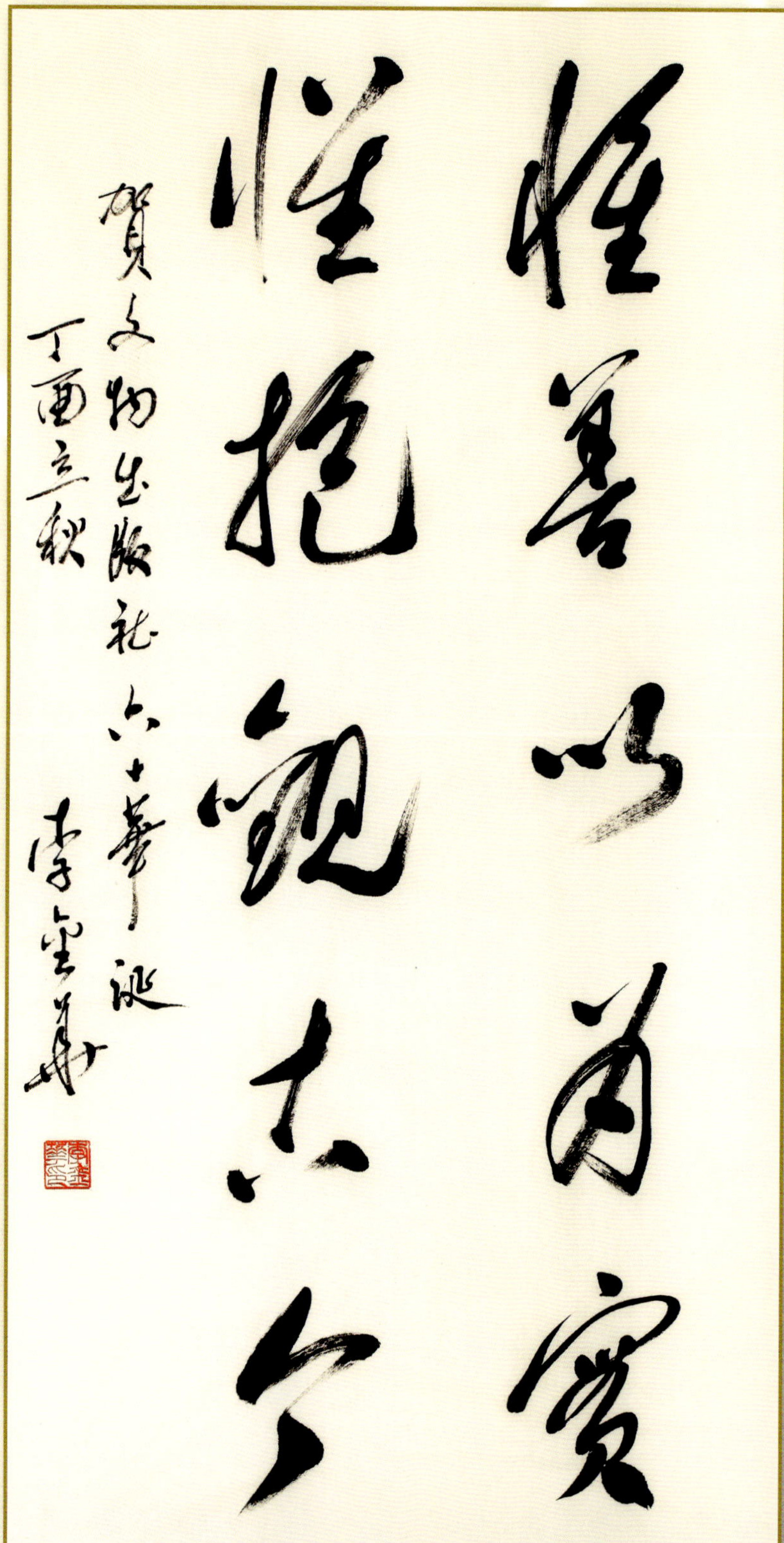

李金华　原全国政协副主席

苏士澍　全国政协常委、中国书法家协会主席

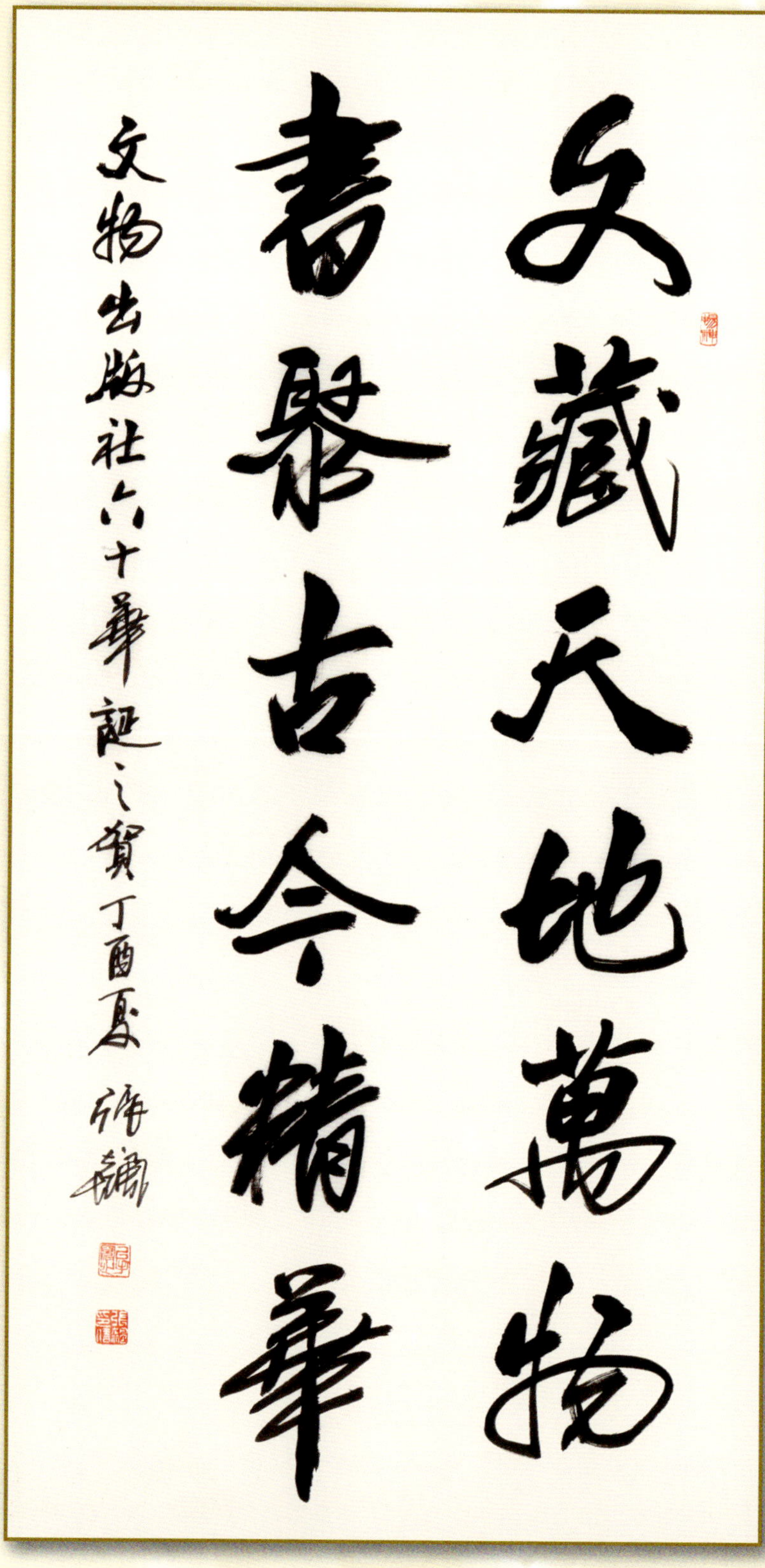

张飙　中国书法家协会顾问、中国对外友好协会理事

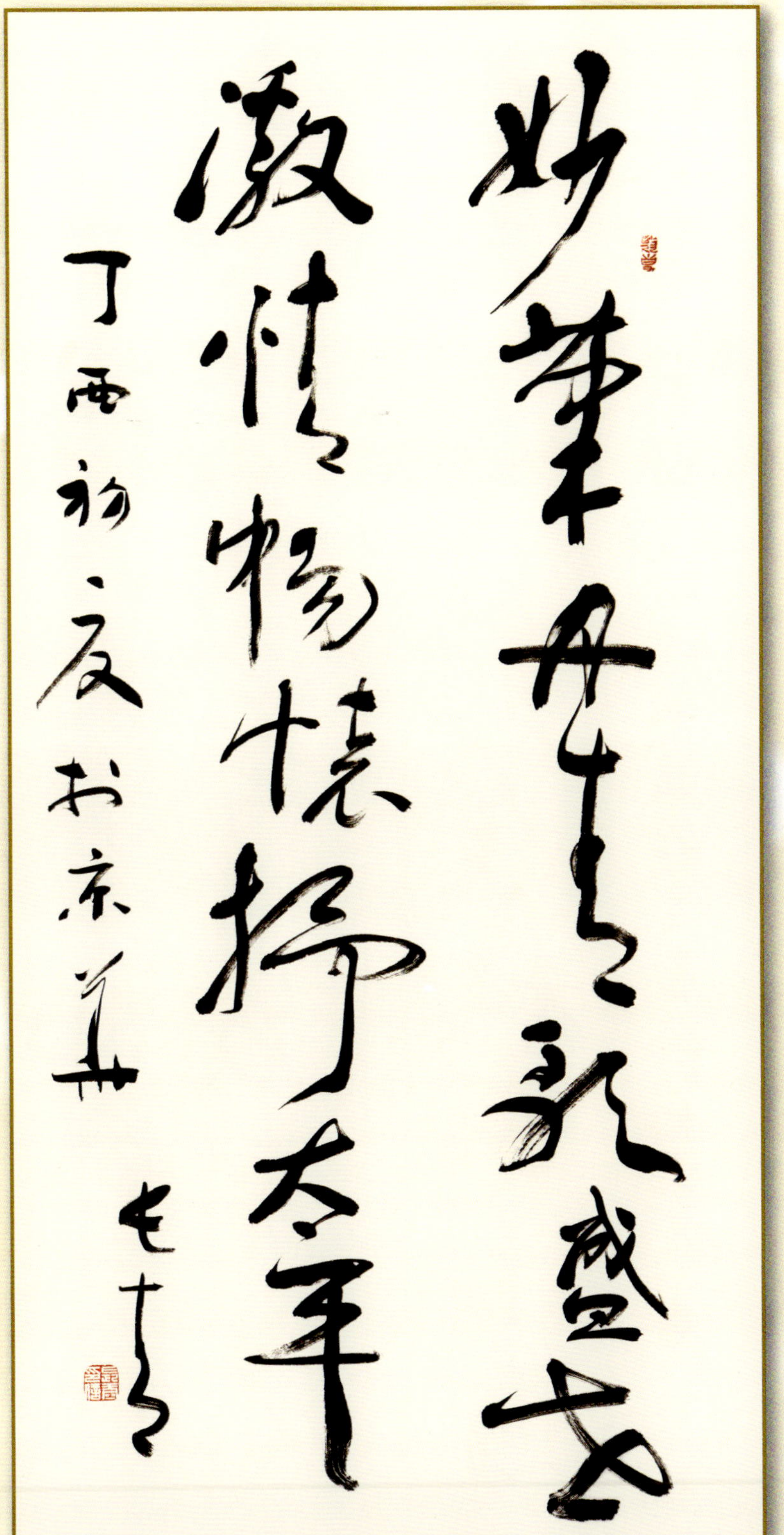

赵长青　全国政协委员、中国书法家协会顾问

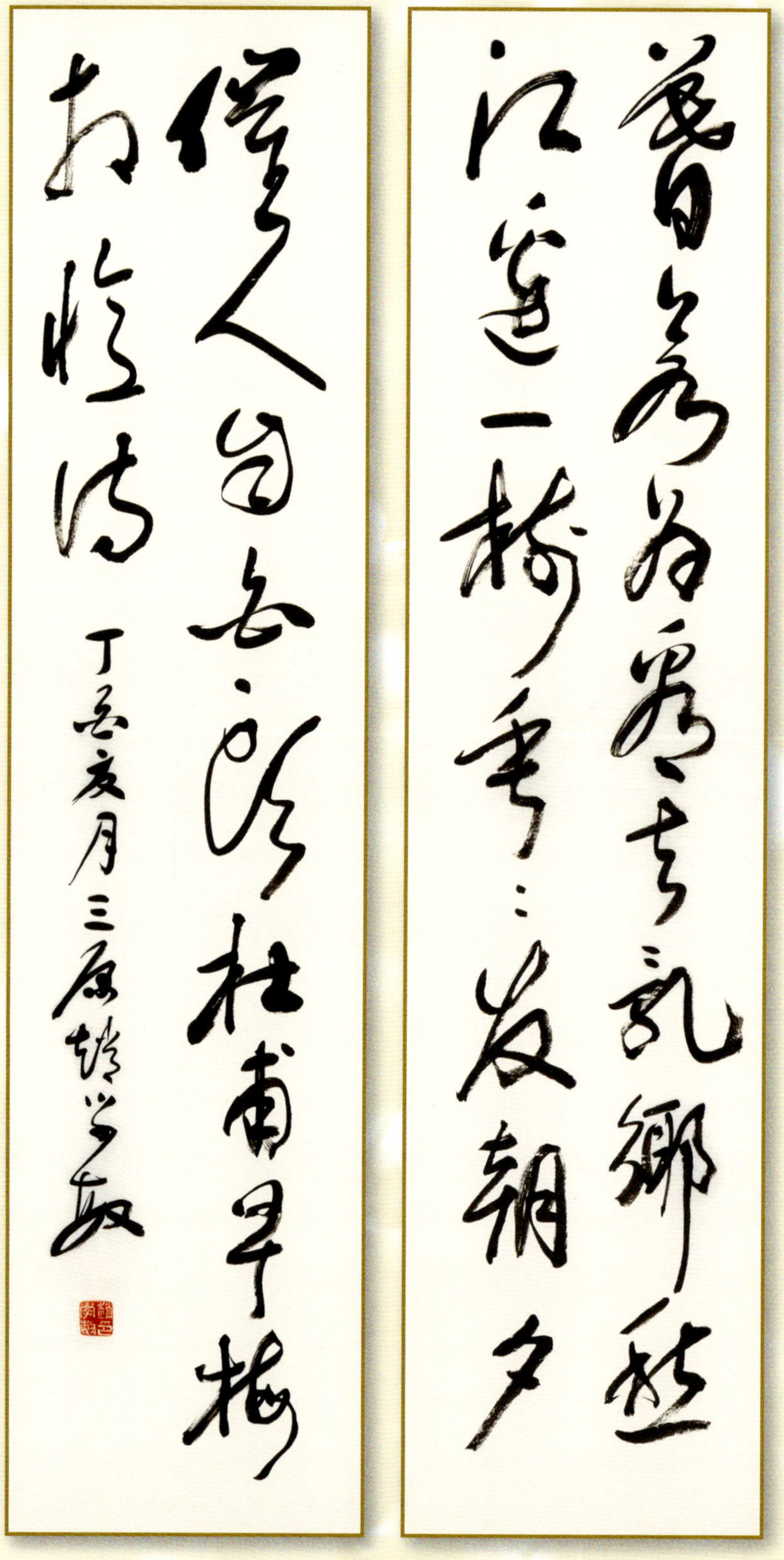

赵学敏　全国政协书画室副主任、中国书法家协会理事

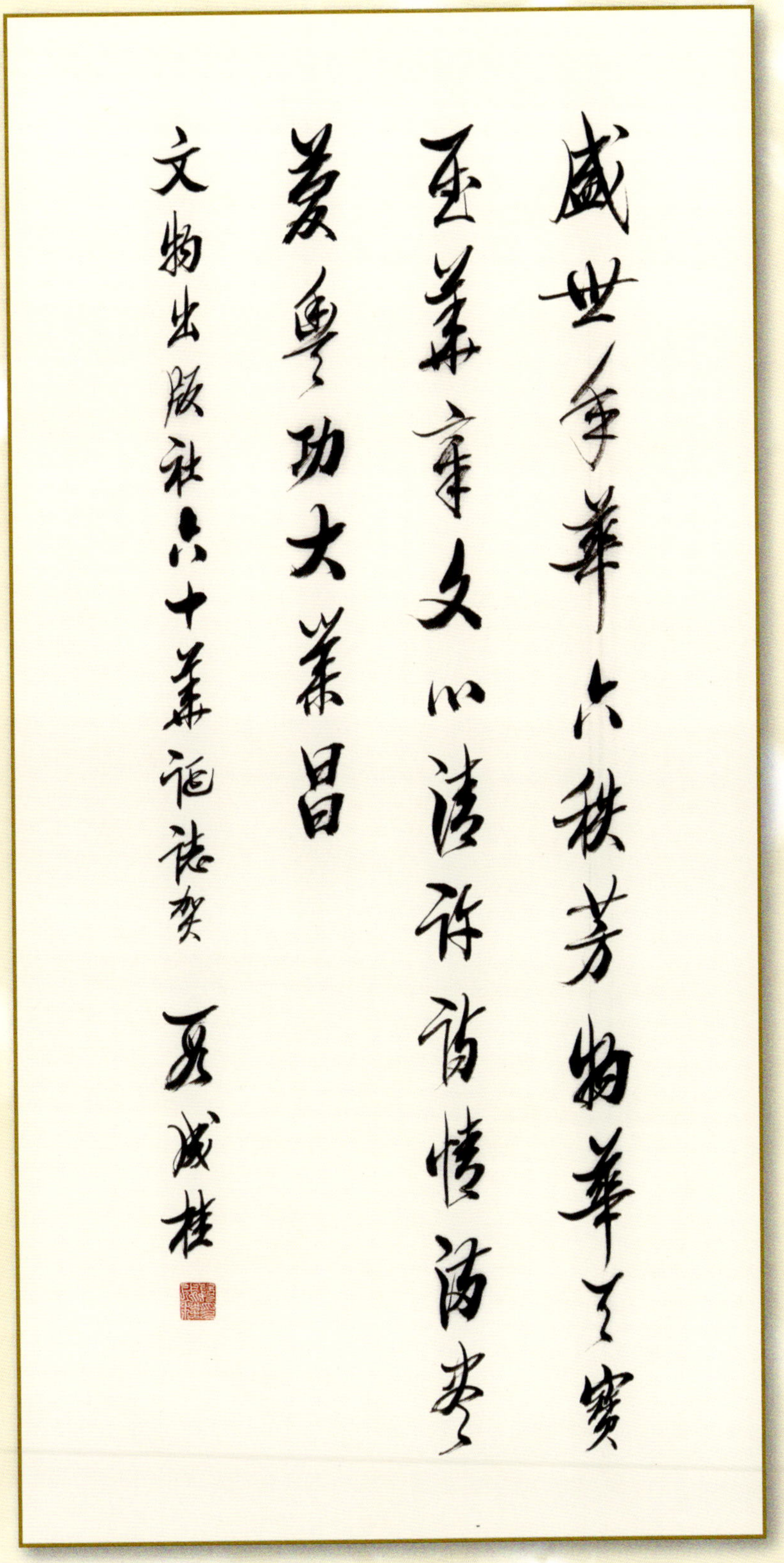

段成桂　原中国文联副主席、中国书法家协会顾问

林阳　中国书法家协会理事、中国美术出版社总编辑

程振国　中国美术家协会理事、原北京美术家协会副主席

王梦湖　中国美术家协会会员、中国山水画研究院副院长

姜陆　中国美术家协会理事、天津美术学院教授

孙志钧　中国美术家协会会员、首都师范大学美术学院院长

梁江　原中国美术馆副馆长、中国美术家协会理事

前　言

华诞逢甲子　精品铸辉煌

2017年是文物出版社成立60周年华诞。60年来，伴随着国家文物和出版事业的发展壮大，文物出版社始终牢记自己肩负的重大历史社会责任，积极探索，积累传承，形成了高标准和高质量、新材料和新成果、艺术与学术并重的高、精、新鲜明特色，出版了一批又一批符合中国国情、体现国家意志、代表国家水平的精品图书，发展成为融图书、期刊、数字出版、影音技术制作服务和文物复制为一体的全国著名出版机构，为我国的文物保护事业、文化出版事业的繁荣发展做出了重要贡献，谱写了辉煌的篇章。

一　60年发展历程

（一）1957～1977年：创业奠基阶段

从1957年1月成立到改革开放前的20年，是文物出版社明确出书方向，构建出书格局，形成编辑规范，奠定出版坚实基础的时期。

文物出版社的前身是文化部文物局资料室。当时的资料室只有三个人，除了收集和保存图书资料外，还编辑了《文物参考资料》月刊和一些图书。随着文物博物馆事业的发展，文物出版图书任务的加重，出版社的成立提上了议事日程。1956年4月，文化部第十次部务会议通过成立文物出版社的决定，8月中宣部批准成立文物出版社。随即以原文化部文物局资料室为基础成立文物出版社筹备处，边筹备边出书，办公地点设在北京东四头条。1957年1月正式建社，内设图书编辑组和《文物参考资料》月刊编辑部。当时全社虽仅有30人，但当年就出版了十几种图书。1958年8月图书编辑组分为历史文物和革命文物两个编辑组。1959年元旦，在王府井开设了门市部。

1966年“文化大革命”开始，出书业务虽大部停止，但因应当时社会的迫切需要，我社及时出版发行了上千万单张的毛泽东诗词手迹和数百万册《毛主席诗词三十七首》。所以自1966年5月至1970年5月的四年时间里，虽然当时文物图书不能出版，但由于出版了上述读物，出版社在经济上尚能维持。1970年初，门市部停业；5月，全社干部下放湖北咸宁文化部“五七”干校劳动；6月，出版社业务合并到人民美术出版社。1972年1月，《文物》月刊复刊，这是在全国最早复刊的三个学术刊物之一。1973年1月，文物出版社重建，原合并到人民美术出版社的出版业务回归。其间，先后在故宫城隍庙、沙滩五四大街29号、故宫博物院西华门新楼等处辗转办公。

建社之后，在缺乏经验、人手少、底子薄等各方面条件十分困难的情况下，密切结合新中国成立初期的文物调查保护、考古发掘和博物馆事业的开展，立足于出版高质量的图书，以平均每年30～40种的速度推出新书。这些图书大致可以分为考古调查报告、出土文献、学术论著、文物图录、墨迹手稿、法书碑帖、绘画雕塑、工具书、普及读物、明信片等类别，奠定了我社图书出版的基本结构。其中相当一批成为了文物经典图书。

为了保证图书内容的高质量，文物出版社从成立伊始，就十分注重发挥文博专家的作用。1957年秋，我社成立了以郑振铎为主任，徐森玉、马衡、夏鼐、王冶秋为委员的编辑出版委员会，并由书画鉴定专家张珩兼任副总编辑（未设总编辑）。1963年，我社又按文物类别组成由国内第一流专家参加的编辑审稿小组。古建组的成员有莫宗江、汪季琦、祁英涛；石窟小组的成员有金维诺、宿白、邓建吾；古籍组的成员有张子高、张䌹伯、郑天挺、周珏良；书画组聘请谢稚柳、启功为顾问。这些一流专家的参与，有力地保障了我社出版图书的科学性和高品质。

为了充分展示文化遗产的神韵，从建社起，我们就特别注意探索文物类图书的印装技术。针对当时文物保护和研究工作急需高品质图录，而高品质图录大多为国外印制的现实，我社创立时就从故宫博物院接手了一个20多人的铜版印刷厂，并以此为基础成立了文物出版社印刷厂。1958年，又增设了能够逼真地再现古代书法、绘画的珂罗版车间。利用彩色铜版和珂罗版印刷工艺，我社先后出版了数十种文物画册和书法作品。其中彩铜版精印的《两宋名画册》《故宫博物院藏画鸟画选》《故宫博物院藏瓷选集》，珂罗版精印的《毛泽东诗词墨迹》《清明上河图》《南京博物院藏画集》等图书，均已成为传世艺术精品。针对文物形态的多类型和社会需求的多样化，我们也十分注意装帧设计的多样化，这一时期出版的图书，其开本形式大到4开，小至50开，从平装、精装到锦盒线装、单幅卷轴，初步形成了“文物版”图书多样化的装帧格局。

为了保证出版图书的规范和高质量，我们还非常重视不同类别图书编辑规范的探索，比如《白沙宋墓》的出版。白沙宋墓位于河南省禹州市白沙镇北，1951年由宿白先生主持发掘，几乎是新中国考古的开端。《白沙宋墓》考古报告1957年由我社出版。报告除了以科学严谨的态度详细报道了三座宋墓的材料，还结合丰富的历史典籍，从墓葬年代、三座墓葬关系、墓主人的社会身份、墓葬的构造等多角度深入探讨了相关的问题。内容翔实，体例得当，成为考古发掘报告的典范之作。在编辑过程中，我们对文字、插图、表格、图版的排版等均进行了精心研究和安排，使之成为考古发掘报告编辑的一种范式。

又比如1966年我社重点推出的陈明达先生编著的《应县木塔》。该书上篇为《调查记》，介绍塔的现状，并汇录实测结果。下篇为《寺塔之研究》，对该塔的修建历史、原状、建筑设计以及构图、结构等进行分析研究，进而探讨若干建筑发展史问题，堪称运用文字、实测图和黑白照片全面记录和研究古代建筑的成功范例。同时，该书的出版也为建筑界、文物界树立了一个集专题研究与测绘图、摄影资料于一身的编辑范式。

再比如出土文献的编辑出版。1973年文物出版社复建后，由唐兰、商承祚、张政烺、唐长孺、朱德熙、罗福颐、顾铁符、裘锡圭、孙贯文、李学勤等著名学者领衔，先后成立了银雀山汉墓竹简、马王堆汉墓帛书、吐鲁番唐代文书的整理小组，整理出版了一大批极具历史价值的重要出土文献。其中如《银雀山汉墓竹简(壹)》《睡虎地秦墓竹简》等成为出土文献整理的典范之作，它们创立的许多整理出版体例，一直为后来同类整理项目所沿用和仿效。

（二）1978～2000年：稳定发展阶段

1978年，中共十一届三中全会召开，确定了把全党的工作重点转移到社会主义现代化建设上来的方针，改革开放在全国各个行业内逐渐展开。文物战线在实际工作中拨乱反正，在文物保护、法规制度、对外交流、管理体制和队伍建设等方面开展了大量卓有成效的工作，文物事业逐步走上正确的发展轨道。1983年6月，中共中央、国务院发布《关于加强出版工作的决定》，确定了“必须坚持为人民服务、为社会主义服务”的根本方针，抛弃了出版工作长期坚持的以阶级斗争为纲的思想，中国图书出版业进入了一个稳定的发展时期。

随着文物事业和出版业的改革发展，我社的编辑出版工作也得到全面恢复和迅速发展，进入了一个较为稳定的发展阶段。出书规模稳步扩大，图书门类逐步健全，对外合作出版在国内出版界率先取得突破，高、新、精精品战略形成，一批具有重要文化价值的出版工程陆续完成，一系列重点图书相继荣获国内外大奖。人员编制由建社初期的43人逐步扩充至140多人，内设机构也增至16个部室，成为一家融图书、期刊、音像、文物复制于一体的全国著名出版机构。

这一时期，我社出书规模由五十余种逐步增长到一百五六十种，年均出书约110种，出版图书除延续原有种类外，开始有计划地推出重要革命文物图集、影印善本古籍和书法碑帖，并成系列组织出版古建石窟类图书和国外文物考古资料。

文物出版社成立不久，就开始组织编辑出版革命文物类图书，先后推出了《鲁迅诗词手稿》《鲁迅诗集》《延安革命纪念建筑》《五四运动》《毛泽东同志在农民运动讲习所》《毛主席诗词三十七首》《毛主席诗词手稿》《毛主席诗词二十一首》等图书。“文化大革命”期间，出版了大量单张毛主席墨迹、小开本的毛主席诗词，复建后又推出了《毛主席诗词手迹》《毛主席诗词三十九首》和不定期刊物《文物 · 革命文物特刊》，形成了编辑出版革命文物类图书的优良传统。进入改革开放时期，此类图书的出版力度进一步加大，渐成系列。先后推出了20册全面反映鲁迅文学创作道路的珍贵资料《鲁迅手稿全集》和毛泽东、周恩来、刘少奇、朱德、李大钊、贺龙、彭德怀、孙中山和宋庆龄等具有珍贵文献价值的纪念图录，以及毛泽东、孙中山、董必武、陈毅等著名革命家的书信、诗词墨迹手稿。1983年，本社还出版了后来荣获首届国家图书奖提名奖的6开线装本《毛泽东书信手迹选》。

从20世纪80年代开始，为满足社会公众的需求，我社开始大规模涉足书法碑帖的出版。其中，最杰出的代表作品就是《历代碑帖法书选》。秉承以最低的价格为读者提供最好的临习范本的理念，我们选取最好的版本，原大影印出版了这套图书，先后推出上百个品种。同时作为一个长期的出版工程，数十年来我们在选材、包装、编辑的整体风格上，一直保持了相对的稳定和延续。由于版本精良、编辑规范、风格典雅、价格低廉，赢得了良好的市场口碑，是国内碑帖市场占有率最高、销量最好，最容易被普通消费者接受的品牌之一。

出土文献的整理出版在这一时期成果丰硕。上世纪90年代前，主要完成的是吐鲁番文书、银雀山汉简、马王堆汉墓帛书竹简、睡虎地秦墓竹简、居延汉简、张家山汉墓竹简、定州汉简等重大项目的整理成果出版。90年代以后，考古新发现层出不穷，我社陆续出版了《包山楚简》《郭店楚墓竹简》《长沙走马楼三国吴简·嘉禾吏民田家莂》《长沙走马楼三国吴简（壹至肆、柒、捌）》（计划出版十卷）、《里耶秦简(壹)》（计划出版五卷）、《随州孔家坡汉墓竹简》《长沙东牌楼东汉简牍》《吐鲁番柏孜克里克出土汉文文书》等。同时完成了《新中国出土墓志》一至十卷的出版工作。这些整理研究成果的出版，极大地推动了相关领域的学术研究进展。

在这一时期，我们还有意识推出了古代典籍的刷印和影印出版。中国私人藏书楼刻书，古代以江苏常熟毛晋的汲古阁最多，近代则以刘承干的嘉业堂刻书最为著名。据统计，嘉业堂藏书楼共有书版近4万块，前后刻印有图书近300部，约3000卷，代表了民国雕版印书业的最高水准。从1981年起，我社开始采用原雕木板刷印方式，先后推出了《嘉业堂丛书》《吴兴丛书》《求恕斋丛书》等系列图书。影印出版了海内外孤本、特级珍籍《常熟翁氏世藏古籍善本丛书》，以及《北京大学图书馆藏历代金石拓本菁华》《房山云居寺石经》《千唐志斋藏志》《中国金石集萃》《佛学大辞典》等珍贵典籍。特别值得一提的是，我社于1987～1990年将濒于失传的《乾隆版大藏经》重新刷印。该书共7240卷，是中国现存最大的版刻图书。经版79000余块，是国家一级文物，可惜已残缺不全。我社将原雕版进行整理，遍访全国名寺古刹，查找底本，补板刻字近全书三分之一，历时三年，使这部巨帙佛教重典完整地再现于世，为保护和抢救中国优秀文化遗产做出了重大贡献，被称为现代出版史上的壮举。

文物出版社是中国最早开展对外文化交流，与欧美及港、台出版界进行合作的出版社。早在20世纪70年代末和80年代，我社与日本平凡社合作出版了《中国石窟》（17卷），与日本讲谈社合作出版了《中国博物馆》（14卷）、《中国书迹大观》（7卷）。此外，还同英、美、前南斯拉夫等国的出版单位合作出版了《云南青铜器》《长城》《新中国重大考古发现》《上海博物馆藏品》等图录。其中与日本平凡社合作的《中国石窟·敦煌莫高窟》，以其较高的学术价值和艺术鉴赏价值受到中外学者的一致好评，被称为“本世纪的决定版”。以后，我社又与日本同朋舍合作出版《中国书法真迹大观》（27卷），与英国菲利普公司合作出版《中国博物馆导览》系列。近年来，我社版权贸易也渐趋活跃，向日本、韩国、美国和台湾、香港地区输出了数十种图书版权。还特别加强了与中国台湾地区出版界的联系，两岸合作出版了《中国重大考古发现》、《中国考古文物之美》（10卷）、《古瓷集珍》、《中国美术巨匠》（40册）、《陕西出土东周玉器》和《玉文化论丛》等书，进一步促进了两岸的文化交流。图书之外，我社自上世纪90年代初，开始与国外影视机构合作拍摄历史文化类专题片，先后与日本广播协会（NHK）、美国探索、美国盖地基金会、日本朝日新闻、韩国KBS、日本铁木真制片公司等多家国外大型影视媒体合作，联合制作并出版了《中华文明五千年》《秦始皇帝》《文明之路》《敦煌莫高窟》等一系列历史文化类节目，在国际上获得了较高的评价。

我社在这一时期，还陆续完成了一批具有重要文化价值的出版工程，其中重要的项目有《中国博物馆》14卷、《中国石窟》17卷、《中国书迹大观》7卷、《中国美术全集》（全60卷）中的16卷、《中国青铜器全集》16卷、《中国绘画全集》30卷、《中国古代书画图目》24卷、《中国古代地图集》3卷、《中国古代建筑》系列、《中国文物精华》系列、《中国重要考古发现》系列等，先后在国内外获得多种大奖，有力促进了高、新、精精品战略的形成。

我社独具特色的古建类图书，在这一时期也渐成规模。从20世纪90年代初开始，我社密切配合全国古代建筑维修保护工程，创立撰写体例和编辑规范，出书品种不断增多，逐步步入有计划、分层次、系列出版的发展轨道。1993年底，推出了国内首部古建修缮工程报告《朔州崇福寺弥陀殿修缮工程报告》，随后又陆续出版了有关西藏布达拉宫、青海塔尔寺、太原晋祠圣母殿、西安长乐门城楼等著名古代建筑的修缮工程报告。1995年以后，又陆续推出了《西夏佛塔》《朔州崇福寺》《西藏布达拉宫》（上下）、《正定隆兴寺》等“中国古代建筑”丛书，宿白先生所著《中国石窟寺研究》《藏传佛教寺院考古》，以及《陈明达古建筑与雕塑史论》《罗哲文古建筑文集》《傅喜年建筑史论文集》《柴泽俊古建筑文集》等古建史论著系列图书，受到了古建筑学界的广泛关注。

此外，在这一时期，我们还先后推出了《考古学一百五十年》《中国文明的起源问题》《美索不达米亚考古》《地球上的人们》《水下考古学入门》等外国考古学译丛图书。

（三）2001年至今：全面改革发展阶段

进入新世纪，新修订的《文物保护法》颁布，国家进一步加大了对文物事业的投入和支持力度，各项工作蓬勃开展。与此同时，我国图书出版业开始进行市场化改革，出版社从纯粹的事业单位逐步向按照市场规律运作的企业化模式转变。2003年6月，中央召开文化体制改革试点工作会议，标志着我国图书出版业的市场化改革进入了启动阶段。2009年，新闻出版总署印发《关于进一步推进新闻出版体制改革的指导意见》，为出版业体制改革制定了时间表和路线图，文物出版社于2010年7月正式转制为企业。

随着文物事业和出版业进入新的发展阶段，我社因时、因势而动，对管理机制、人事制度和分配制度进行了全面改革，极大激发了全社干部职工的积极性和创造力，图书品种快速增长，规模进一步扩大，结构渐趋合理，并适时启动了数字化转型，进入了全面改革发展阶段。

1．全面改革，扩张规模。

进入新世纪，如何应对中国出版业企业化、市场化转型的机遇与挑战？如何应对加入WTO以后出版业的国际化竞争？在互联网尤其是移动互联网飞速发展的时代，如何将出版社做大做强？这些都是我社在相当长一段时期内所面临的重大问题。改革是发展的动力源泉，2004年底，我社根据中央文化体制改革试点工作的部署和出版单位转换经营机制加强经营管理的明确要求，为适应市场经济发展及出版业激烈竞争的需要，紧紧围绕国家抢救保护文化遗产的战略目标，按照市场经济规则，以优化图书结构、转换机制为重点和突破口，强化岗位目标和责任目标管理，对管理机制、人事管理和分配制度进行了全面改革。通过改革，生产关系进一步理顺，领导责任进一步增强，职工的积极性空前提高，生产力得到极大释放。考古、博物馆、艺术、人文、科技保护五大传统板块的出版规模和品种同步放大，年出书规模由110种左右上升到300种左右，进入快速发展时期。

在扩张和放大五大传统板块的同时，我们还发力古籍图书板块，成立古籍图书编辑中心，结合资源优势和出版传统，古籍图书板块集中力量于版本特色、高端收藏、特色资源和文创产品四个方面，经过努力，年出书近百种，实现了整体崛起。

2．优化结构，补齐短板。

从建社伊始，我们就比较重视文物普及读物的编辑出版，在不同时期也曾推出过诸如翦伯赞的《内蒙访古》、张珩的《怎样鉴定书画》、李泽厚的《美的历程》、杨新的《扬州八怪》以及《中国文物小丛书》《明清彩瓷》等一些深受文物爱好者欢迎的图书，但总体上力度不够，品种不多，系列很少。普及读物的有效供给不足，一直是我社的短板。

进入新世纪后，我们开始有计划、成批次地推出普及读物，先后出版了60册的学术普及类图书《20世纪中国文物考古发现与研究丛书》、35册的《文化百科丛书》、《中国文博名家画传》系列、《带你走进博物馆》系列、《中国古代美术小丛书》系列、《全球经典座标》系列、《博物趣吧》系列，以及《核桃卢谈核桃》《紫砂大师访谈录》《启功隽语》《中国国家博物馆展品中的100个故事》《古香遗珍——图说中国古代香文化》《文物在诉说——中国抗战遗迹概览》《红色英雄路——中国长征遗迹概览》《少儿考古入门》《中国壁画高清大图》《国宝日历》等一大批可读性较强的“文物版”图书。2016～2017年，经过充分准备，又陆续推出了30种书法教材、340多种“东方画谱”高清大图，大众读物初具规模。

3．数字转型，融合发展。

当今世界，信息技术革命日新月异，网络和数字技术裂变式发展，带来了媒体格局的深刻变革。互联网特别是移动互联网的飞速发展，重新定义了人们获取信息包括获取知识、获取能力的方式，对传统出版带来了全方位、深层次、颠覆性的冲击。传统出版面临着全新的社会生态和产业生态，其思想理念、内容生产、推广传播、管理体制和运行机制都经受着严峻挑战。如何因势而变，实现新旧出版的融合，将传统出版的内容资源优势延伸到新兴出版，依托先进技术和渠道，借力推动出版融合发展，建立健全一个内容多种创意、一个创意多次开发、一次开发多种产品、一种产品多个形态、一次销售多条渠道、一次投入多次产出、一次产出多次增值的生产运营方式，是摆在我们面前最迫切的现实问题，也是出版社实现可持续发展的关键所在。

为此，从2013年起，我社启动了数字化转型。利用国家专项资金的支持，搭建了文化遗产数字多媒体资源库、多功能视讯云平台和3D制作体系技术系统，依托项目成立了数字技术制作中心和数字出版中心。在进行存量资源数字化加工的同时，快速启动了增量数字产品体系的设计和建设，形成了较强的数字资源加工、数字产品制作和数字技术服务能力，已经推出了移动端视音频制作、动画片、在线教育课程制作、虚拟现实与三维交互内容制作、全媒体普法栏目制作、移动端虚拟现实内容制作（VR）、交互式触摸展示系统内容设计制作、数字化文物的数据采集与制作、全媒体内容出版、3D立体影像内容制作、移动APP集群等多种形态的产品。

目前，我们正利用数字化项目建设形成的生产能力，依托现有的内容资源与业务渠道，创新产品体系，实现传统出版与互联网出版的有机融合：通过全媒体图书产品，实现纸媒载体与互联网平台间内容融合；通过在线教育课程制作与实体培训学院建设，实现线上虚拟课堂与线下实体课堂内容间的融合；通过资讯类产品，实现传统出版与互联网出版的内容融合。同时创新商务模式，通过与相关业务单位在新领域、新渠道方面的全新合作，带动我社全面数字化转型升级和融合发展。

二 60年发展成就

1．专业优势突出，是文物事业发展不可或缺的重要支撑。

文物出版社是因应我国文物事业发展的需要而产生的，自建社以来，始终牢记并认真履行服务党和国家文物工作大局的使命，紧紧围绕文物事业发展需要提供文化服务，研究和追踪文物事业发展的内涵和趋势，及时系统地出版了大量文化产品，为抢救保护传承祖国文化遗产，推动学术研究繁荣进步和文物事业的科学发展提供了高质量、高水平的支持和服务。建社60年来，累计出版不同档次、不同规格的精美图书8000余种，总印数超过4.2亿册，占全国文物考古图书发行总量的90%，曾经是并将继续是中国文物考古出版事业的先行者和中坚力量，也是文博界、出版界宣传、普及、传播文化遗产知识的重要阵地和生力军。

2．品牌效应彰著，社会效益明显。

文物版图书质量好，品牌效应明显，形成了“高、新、精”特色。“高”是高品位、高标准、高质量；“新”是指资料前所未有或首次发表；“精”是指具有较高的历史价值、学术价值和艺术价值。文物版图书不仅内容充实，装帧精良，而且还运用了珂罗版、彩铜版、雕版、龙鳞装等多种传统印制工艺。我社出版的珂罗版宣纸本《中国版刻图录》《毛主席诗词墨迹》《鲁迅手稿全集》《元刊梦溪笔谈》，彩铜版《故宫博物院藏瓷选集》《两宋名画册》《故宫博物院藏花鸟画选》《上海博物馆藏瓷选集》以及龙鳞装《毛泽东诗词六十七首》《三十二篆金刚经》《红楼梦》等，这些图书本身已成为难得的艺术珍品。

60年来，文物出版社坚持正确的出版方针，以图书的权威性和高质量享誉国内外。文物版图书的科学性和原创性，资料的首次发表和翔实可信，图版的高标准和高质量，编辑工作的严谨、规范以及多种类型图书编撰体例的独创，都为业界所公认。所出图书在国内外多次获奖，如：《中国美术全集·玉器卷》1989年在德国莱比锡新闻中心举办的国际最佳图书展览会上荣获“造型优美、印制精良”奖。《中国文物精华（1992）》《清代宫廷绘画》1993年在印度举办的第五届世界印刷大会上，荣获优秀印刷奖。中日合作出版的《中国博物馆》20世纪80年代获得日本文部省奖。在国内，我社有200余种图书先后获“五个一工程”入选作品奖、国家图书奖、中国出版政府奖图书奖、中国出版政府奖装帧设计奖、中国出版政府奖装帧期刊奖、中华优秀出版物奖，全国古籍图书特别奖、一等奖、二等奖，中国优秀美术图书特别奖、金奖和银奖，中国最美的书荣誉奖、中国建筑图书奖、中国文化遗产十佳图书等。

近十年来，我社图书获奖势头依然不减。2007年，《长沙东牌楼东汉简牍》《吐鲁番柏孜克里克石窟出土汉文佛教典籍》《金砖识录》分获全国优秀古籍图书奖荣誉奖、一等奖、二等奖。

2008年，《长沙东牌楼东汉简牍》获首届政府出版奖提名奖；《中国记忆——五千年文明瑰宝》获中国最美的书荣誉奖；《额济纳汉简释文校本》获全国优秀古籍图书奖二等奖。

2009年《中国记忆——五千年文明瑰宝》获世界最美的书荣誉奖和第二十届香港印制大奖；《殷墟甲骨辑佚——安阳民间藏甲骨》《殷虚书契考释原稿信札》分获全国优秀古籍图书奖一等奖、二等奖；《世界遗产·柬埔寨吴哥古迹：周萨神庙》《蓟县独乐寺》获第一届中国建筑图书奖“向全国图书馆推荐书目”；《应县木塔》获第二届中国建筑图书奖；《太仓文物精华》获第二届中华印刷大奖铜奖。

2010年《银雀山汉墓竹简（贰）》和《闻宥落照堂藏青铜器拓本》《开宝遗珍》分获全国优秀古籍图书奖一等奖、二等奖；《秦始皇帝陵》荣获第61届美国印刷大奖“班尼金奖”。

2011年，《新中国出土墓志》（共10卷）、《中国记忆——五千年文明瑰宝》《秦始皇帝陵》分获第二届中国出版政府奖图书奖、装帧设计奖和装帧设计奖提名奖；《中国古代砖刻铭文集》获第三届中国书法兰亭奖编辑出版奖三等奖；《长安新出墓志》获全国优秀古籍图书奖一等奖。

2012年《“凿枘工巧”——中国古卧具》获中国最美的书荣誉奖；《中国美术分类全集》获国家重大出版工程项目“特别贡献奖”；《成都出土历代墓铭券文图录综释》和《唐大明宫史料汇编》《苏州博物馆藏古籍善本古代铭刻论丛》分获全国优秀古籍图书奖一等奖、

二等奖。

2013年，《中国法书全集》《银雀山汉墓竹简（贰）》和《文物》月刊分获第三届中国出版政府奖图书奖、提名奖和期刊提名奖；《中国古代书画图目》《吐鲁番出土文书》《新中国出土墓志》《髹饰录解说》《中国版刻图录》入选首届向全国推荐优秀古籍整理图书目录；《谢家福日记（外一种）》获全国优秀古籍图书奖二等奖。

2014年，《清代家具》（修订版）获第五届中华优秀出版物奖图书奖；《开成石经》珍藏版）、《敦煌莫高窟题记汇编》分获全国优秀古籍图书奖一等奖、二等奖。

2015年，《秦始皇帝陵出土二号青铜马车》获第六十六届美国印制大奖优秀奖；《陈簠斋彝器全形拓精选（一）》获全国优秀古籍图书奖一等奖；《中国唐卡文化研究丛书》《丝绸之路》分获第二十四届优秀美术图书"金牛杯"银奖、铜奖。

2016年，《中国皮影戏全集》获第六届中华优秀出版物奖图书奖；《袁氏藏明清名人尺牍》和《觯斋瓷乘》《晋祠文化遗产全书》分获第二十五届优秀美术图书"金牛杯"银奖、铜奖；经龙装苏士澍书篆书《心经》获第二十五届优秀美术图书"金牛杯"优秀装帧设计奖。

2017年，《中国皮影戏全集》和《文物》月刊获第四界政府出版奖提名奖和期刊奖。

此外，我社还先后有数十种图书获全国文化遗产十佳和优秀图书奖，占获奖图书总数的三分之一，显示出在文博行业内强大的影响力。

3．特色出版，成就斐然。

为文物考古事业服务是我社一贯的宗旨，考古发掘报告一直是我社的主要出版物之一。中华人民共和国成立后，随着田野考古工作的全面展开，国内外瞩目的重大考古成果层出不穷。为配合这些考古发现与研究，我社及时出版了许多极其重要的考古发掘报告。从建国初期50年代出版的《白沙宋墓》《南唐二陵》，到近年来陆续出版的《长沙马王堆二、三号汉墓（第一卷）》《敦煌莫高窟北区石窟》（全三卷）、《秦始皇陵兵马俑坑》《集安高句丽王陵》《盘龙城》《郑州商城——1953～1985年考古发掘报告》《芒砀山西汉梁国王陵》《河姆渡》《瑶山——良渚遗址群考古报告之一》《凌家滩》《澧县城头山》《秦安大地湾》《仙人洞与吊桶环》《牛河梁红山文化考古发掘报告》《明蓟镇长城——1981～1987年考古报告》《襄汾陶寺——1978～1985年考古发掘报告》《二里头（1999～2006）》等，文物出版社已经出版各种考古发掘报告近600种。这些图书的出版，全面展示了新中国文物考古的发展历程和辉煌成就，在积累文物考古资料、推动文物考古事业的发展方面，在促进中国物质文明史、自然科学史、美术史、历史学、古文字学以及许多其他学科研究的进步方面，均发挥了不可替代的作用。考古发掘报告的出版是我社的长项和强项，已经成为我社的一种图书品牌，其编辑、印制质量之好也为作者和广大读者所公认。

随着大量珍贵文物的陆续出土，文物考古学界专家、学者的研究成果不断问世，文物出版社随之出版了一系列具有国际学术水平的专题和综合性研究论著。这些学术专著的作者都是国内一流的专家学者，无论是在学术研究的深度和广度，还是新资料的占有和使用方面，他们都走在了各自学科领域的研究前沿。这些高水平的学术专著或为各自研究领域的集大成之作，或者填补了某一研究课题上的空白，有的则在可预见的若干年内其研究水平将处于领先地位。如：《中国石窟寺研究》《中国古舆服论丛》《唐宋时期的雕版印刷》《东周与秦代文明》《中国建筑艺术史》《中国丝绸艺术史》《中国北方草原古代金银器》《古代人牲人殉通论》《汉唐西域与中国文明》《中国考古学：九十年代的思考》《胡汉之间——丝绸之路与西北历史考古》《泥河湾》《仰韶文化研究》《中华文明的始原》《汉唐宋元考古·中国考古学》《中国新石器时代——迈向早期国家之路》《冥界的秩序——中国古代墓葬制度概论》《仰观集：古文物的欣赏与鉴别》等。

我社出版的精美的文物图录一直深受出版界同仁和广大读者的认同。《中国石窟》《中国美术全集》《中国青铜器全集》《中国绘画全集》《中国古代书画图目》《中国重要考古发现》《中国法书全集》《蒙古民族文物图典》《中国竹木牙角器全集》《中国历代法书精品大观》等大规模精品图录常销常印，长盛不衰；《吉金铸国史——周原出土西周青铜器精粹》《花舞大唐春》《启功书画集》《丽质华堂》《明式家具珍赏》《明韵》《中国古陶瓷图典》《山西佛寺壁画》《永乐宫壁画》《大圣遗音》《中国古玉器图典》《复兴之路》《中国记忆》《丝绸之路》《海上丝绸之路》《永远的北朝》等一系列编排新颖、印制精美的图录，不仅市场反映良好，也获得了社会各界的广泛好评。

科技保护类图书异军突起。随着文物事业的发展，文物保护的理念、技术和研究水平不断提高，文物科技类图书的出版需求持续、稳定增长，并且呈现出多元化的趋势。在延续古建维修、保护、调查报告等传统出版项目的基础上，在这一时期，我社又推出了文物保护行业标准、文物保护修复技术、文物科技研究、文物建筑测量与维修等方面的系列图书。其中，文物保护行业标准已出版72项，初步形成出版规模。

文物出版社还是中国古代书法碑帖出版的重镇。为满足不同层面读者的需求，先后推出了一大批艺术价值很高的相关图书。《历代碑帖法书选》和《历代碑帖法书精品选》《历代碑帖法书珍品选》数十年经久不衰，目前已出版各类高中低档的碑帖200余种，累计印数近2000万册，成为国内书法市场著名的品牌。《草字编》《楷字编》《行书编》《篆字编》《五体汉字汇编》等工具书为书法爱好者提供了极大便利，名噪一时。作为中国美术分类全集重要组成部分的《中国法书全集》，在收录中国古代书画鉴定组在全国巡回鉴定中遴选的法书精品的同时，还酌收了台北故宫博物院和日本、美国等有关博物馆所藏的部分重要作品，是启功先生生前主编的最后一套大型工具书，权威性、系统性兼备，成为书法史上的一件盛事。近年来，我社学术与普及并重，又先后出版了《新中国出土书迹》《小莽苍苍斋藏清代学者法书选集》《中国古代砖刻铭文集》《汝帖》《宝贤堂集古法帖》《秦汉碑刻校勘图鉴》《启功题跋书画碑帖选》《善本碑帖过眼录》《中国古代碑帖鉴定图典》《袁氏藏明清名人尺牍》《纸上金石——小品善拓过眼录》等一系列颇有影响的图书。

在古籍整理方面，我社也是成绩斐然。出土文献的整理出版一直是我社的重要任务之一。从建社开始的《武威汉代医简》（1957），70年代初的《侯马盟书》，持续至今。国内重要出土文献的整理成果基本由我社出版，所出图书大多获得全国古籍整理图书奖。除汉字系统的出土文献外，还出版了许多古代少数民族文字文献，重要的有古藏文的《吐鲁番简牍综述》《沙海古卷——中国所出佉卢文（初集）》，粟特文、回鹘文的《吐鲁番出土摩尼教文献》,以及《西夏王陵出土西夏残碑》等。同时，我社还出版了《商周青铜器铭文选》（一至四）和作为考古资料公布的诸如信阳简、望山简、曾侯乙简等出土文献材料，以及若干按考古资料汇编的碑刻墓志材料等，为国内外学术界及时、准确地提供了详尽的第一手研究资料。

4．精品琳琅，业界瞩目。

图书之外，我社还编辑出版有《文物》和《书法丛刊》两份著名的刊物。《文物》月刊创刊于1950年，初名《文物参考资料》，1959年改现名。资料丰富，学术性强，是全国文物考古界的重点刊物。60年来，从内容到形式，几经改革，海外销量居我国出口社会科学类刊物前列，成为海外读者最欢迎的华文刊物之一。目前，《文物》月刊已出版700余期，据统计，我国重大考古发现的发掘简报80%是在该刊物上发表的，成为国内外学术界从事研究的必备期刊。近年来，《文物》月刊连续获得国家期刊奖和出版政府奖，并被评为中国期刊方阵的最高等级“双高期刊”。在全国780余种影响较大的学术期刊中，《文物》月刊连续多年在国内发行量、海外发行量、国内引用率、海外引用率四个方面名列前茅，已成为对外宣传我国文物保护和科研成果的主要窗口。

我社于1981年创刊的《书法丛刊》（双月刊），启功先生生前长期担任主编，也是中国同类刊物中影响、质量、品位较高的刊物。每期刊登国内一家博物馆的馆藏书法精品，并配置相关研究论文，具有较高的学术价值。依托本刊，由我社主办的中国书法史论国际研讨会已经举办了十届，团结了一批国外和港澳台地区的研究中国书法史的专家、学者，成为充分展示中国书法史研究最新动态和最新研究成果的高效平台。

文物出版社具有复制高档书法绘画珍品的优良传统。为了弘扬祖国的传统文化，我社自上世纪50年代起先后采用过木版、石版、铜版、珂罗版和胶版印刷技术对中国古代书画进行复制，在海内外获得过很高的声誉。进入新世纪后，我社文物复制中心在继承传统的基础上，经过三年多的刻苦钻研，在国内率先利用现代数字技术对中国古代书画进行复制并获得了成功。我们不仅拥有国内外最先进的设备和技术，而且复制的书画，无论材料还是色彩都能够忠实地再现原件的风貌，有些复制品足以乱真。除此之外，利用特殊材料工艺制作的复制品还具有耐光、耐水，适用于中式装裱和长期保存的特性。复制的品质不仅得到了国内外书画鉴定专家的一致肯定，而且在国内外同行间也获得了很高的评价。

三　展望与思考

60年来，紧紧围绕抢救、保护、宣传、展示中国优秀文化遗产这个中心任务，根据出版形势和市场竞争的需要，我社艰苦创业，积极推进改革，不断提高出书质量和管理水平，取得了良好的社会效益和经济效益，自我发展能力得到了较大的提升。但是，也应该清醒地看到，从建立现代出版企业管理制度的角度而言，我们的工作还存在许多不足；我们的图书品种不多，规模偏小，与全国一些著名的出版社相比还存在较大差距。因此，加强和深化改革，建立现代企业管理制度，实现国有资产的保值增值，保障企业可持续发展，仍然任重道远。

根据出版业改革与发展的新趋势，我社的总体发展战略定位是：立足文博界，面向全社会，多种媒体，综合经营，走内部扩张式集团化战略。为切实实现这一战略目标，我们必须立足当前，着眼长远，突出工作重点，狠抓措施落实。当前和今后一个时期，我们将切实做好以下几方面工作：

1．保持和发挥专业优势，继续为文物事业发展提供支撑。

当前，我们正经历着深刻的时代变革，一方面在党中央的坚强领导下，文物事业快速发展，新资料、新思想、新成果不断涌现，另一方面在城市化加速进程的背景下，大规模的城市建设和基础设施建设使得保护与发展的矛盾异常尖锐，文物保护处于最危险、最紧迫、最关键的局面。在这种背景下，文物出版社只有牢记并认真履行服务党和国家文物工作大局的使命，坚持和深化改革，研究和追踪文物事业发展的内涵和趋势，配合国家文物局的中心工作，坚持专业立社，把专业做到极致，以专业塑造品牌，不断用自己出版的图书为文物事业的科学发展提供高质量、高水平的支持和服务，文物出版社才能彰显自己存在的价值，进而为文物事业的大发展做出自己应有的贡献。

2．继续调整出版结构，让社会公众共享文物事业发展的成果。

当前，人民群众多元化、多层面的精神文化需求日趋旺盛，实现基本文化权益的愿望十分迫切。面对我社出版物品种仍不够完善的现实，我们将加大供给侧改革，有意识地开始三个转变：在图书题材上，从注重学术研究和新成果、新资料转变为学术与普及并重，根据社会公众的审美情趣、欣赏习惯出版更多的文化含量高、群众喜闻乐见的文物考古图书，打造普及类文物版图书品牌；在出版载体上，完成从纸质版到全媒体的转变，多种载体并行，以满足社会公众多样化的阅读需求；在发行方式上，实体与网络并重，线上线下结合，从单本发行转变为整体营销。争取经过几年努力，实现图书结构的根本转变，实现题材、品种、风格和载体的极大丰富，使我社的图书更具吸引力、感染力。

3．优化产业结构，增强发展动力。

一手抓数字转型，融合发展，创新生产运营方式，以不同的媒体形式来充分利用内容资源，实现图书—期刊—影音—全媒体的横向拓展；一手抓企业重组，对社厂机构、资产、业务、管理进行整合，实现内容编辑、制版印刷、发行产业链的纵向拓展。最终形成集图书期刊内容策划编辑、制版印刷、营销发行、文创产品、教育培训、数字产品制作、数字技术服务业务于一身的内部扩张型出版传媒集团。

4．加强对外交流，为中华文化“走出去”增添活力。

每一个国家和民族的文化都有自己的优势和长处，不同文化之间的相互学习和借鉴是文化发展的必要条件。中华文化胸襟博大、海纳百川，因兼收并蓄而丰富多彩，因博采众长而永葆活力。在日益开放的当今时代，文化的繁荣发展更离不开同世界各种文明的对话。在经济全球化、文化多元化的背景下，我社将在国家中华文化“走出去”战略总体布局下，利用我社图书在海外的良好口碑，对图书出版“走出去”进行多种形式的探索，下大力气策划适合海外市场的图书；积极参加国际书展，进一步加强海外营销网络的建设，逐步建立自己的销售渠道；引进既精通外语又熟悉版权贸易的人才，打造对外合作团队，在版权输出和引进上，争取更多主动，创造新的佳绩。

5．创新传播手段，提高传播能力。

传播决定影响。文化的影响不仅取决于内容是否具有独特魅力，而且取决于是否具有先进的传播手段和强大的传播能力。在互联网尤其是移动互联网时代，谁的传播能力强大，谁的文化理念和价值观念就能广为流传。因此，我们将花大力气拓展传播渠道，丰富传播手段，进一步提高我社的文化传播力和影响力。

2017年9月

关怀鼓励

2009年9月18日全国政协副主席李金华来我社视察

2010年2月9日全国政协副主席张思卿来我社视察

2016年5月26日文化部部长雒树刚来我社调研

2007年3月21日文化部副部长兼故宫博物院院长郑欣淼来我社调研

2007年8月28日国家版权局局长阎晓宏来我社调研

2007年11月19日国家文物局局长单霁翔和副局长董保华在我社现场办公

2007年11月19日国家文物局副局长张柏和童明康来我社调研

2014年4月17日国家文物局局长励小捷来我社调研

2016年2月1日国家文物局局长刘玉珠来我社调研

2007年6月21日宿白先生来我社指导工作

2007年3月26日宿白（左一）、徐苹芳（左二）、张忠培（左三）等先生出席《中国陶瓷史》第三次编辑工作会

2009年8月12日罗哲文（左二）、傅熹年（左五）、王连起（左三）等先生来我社考察

2012年8月龚廷万先生（左四）陪同我社编辑考察重庆忠县石宝寨

2013年3月5日孙机先生（左三）出席我社召开的《仰观集》出版座谈会

2013年11月22日马自树（左四）、顾玉才（左五）、刘庆柱（左二）、董琦（左一）等先生出席《古迹新知》出版座谈会

2015年4月11日赵化成先生（左一）、曹玮先生（左二）在《中国青铜器全集(续编)》编辑工作座谈会上

2015年5月22日，荣新江教授（左二）和王仁湘研究员（左三）在《丝绸之路文物精粹》编辑工作座谈会上

2015年5月22日秦大树教授在《丝绸之路文物精粹》编辑工作座谈会上

2015年10月柴泽俊先生签字授权我社出版《柴泽俊古建筑全集》

2015年12月4日白云翔（左三）、杜金鹏（左四）等先生在《2015中国重要考古发现》专家评审会上

2016年7月22日李晓东先生在《新中国文物保护史记忆》编辑工作座谈会上

2016年12月8日刘绪（左一）与白云翔先生（左二）在《2016中国重要考古发现》专家评审会上

合作交流

2007年3月《中国陶瓷史》第三次编辑工作会

2007年8月6日香港利奥集团高管及外国友人来我社交流

2007年8月31日参加全国文物局长工作会议的国内同行来我社交流

2008年4月总编辑葛承雍（左三）、副总编辑李克能（左二）一行参加美国亚特兰大中国古籍书展

2008年9月社长苏士澍带队参加第四届海峡两岸图书交易会

2008年10月我社与《紫光阁》杂志社交流

2010年4月我社参加希腊国际图书博览会

2010年12月社长张全国（左三）、副总编辑张昌倬（左一）一行参加印度德里国际书展

2011年1月我社参加北京图书订货会

2011年1月9日书店代表在在我社举办的新春社店联谊会上发言

2011年7月我社参加内蒙古全国美术图书订货会

2011年12月总编辑葛承雍带队参加澳大利亚新西兰中文书刊巡回展

2012年3月我社代表参加《中国文物年鉴》编辑工作座谈会

2012年7月副社长周成率队参加在广东举行的全国美术图书交易会

2012年12月我社代表参加全国第二届碑帖研讨会

2013年8月29日美国东方瞭望出版社总裁肯特先生与张自成社长商谈出版《文物》英文版事宜

2013年9月25日《开成石经》出版协议签字仪式

2013年10月我社代表参加全国第九届中国书法史论研讨会

2013年11月我社参加第32届伊斯坦布尔国际书展

2014年9月我社代表参加全国第三届碑帖学术研讨会

2014年10月副社长谭平带队参加德国法兰克福第66届国际书展

2015年4月《中国青铜器全集（续编）》编辑工作座谈会

2015年5月《丝绸之路文物精粹》编辑工作座谈会

2015年5月瑞士阿贝格基金会董事长多米尼克·凯勒（左四）、英文版编辑瑞谷拉肖特（左二）、美国理海大学王东宁（右三）一行与中方作者新疆维吾尔自治区博物馆王博（右四）、王明芳（左一）、中国科技大学韩汝玢（左三）和文物出版社编辑一起商讨中国古代纺织品系列图书之《扎滚鲁克纺织品珍宝》编辑出版事宜

2015年7月《中国陶瓷史》编辑工作会

2015年秋我社参加北京国际图书博览会

2016年4月我社参加北京朝阳公园书市

2016年6月2日新加坡国立大学客人来访

2016年7月《新中国文物保护史记忆》编辑工作座谈会

2016年8月文物出版社艺术图书编辑中心与作者专家座谈

2016年9月我社参加湖北图书订货会

2016年10月，在法兰克福书展上，副总编辑刘铁巍（左三）一行三人与中青（英国）国际出版传媒公司总经理郭光洽谈合作事项

2016年12月总编辑张广然（左三）带队参加在台湾举行的第17届祖国大陆书展

2016年12月《2016中国重要考古发现》专家评审会

特色精品

文物出版社获奖出版物（2007～2016）

获奖年度	书名	所获奖项	编著者	责任编辑
2007	汉代乐舞百戏艺术研究	中国汉画学会首届学术专著一等奖	萧亢达著	秦彧
2007	敦煌佛爷庙湾西晋画像砖墓	甘肃兴陇奖三等奖	甘肃省文物考古研究所	张庆玲
2007	日本宁乐美术馆藏吐鲁番文书	湖北省社会科学成果三等奖	陈国灿、刘永增编	张庆玲
2007	郑州商城——1953～1985年考古发掘报告（上、中、下）	第四届中国社会科学院考古研究所夏鼐考古学研究成果奖金二等奖	河南省文物考古研究所编著	楼宇栋
2007	固原南郊隋唐墓地	宁夏第七届哲学社会科学优秀成果奖著作二等奖	罗丰编著	王戈
2007	《梁庄王——郑和时代的瑰宝》	2007年度全国文博考古最佳普及类图书奖		张征雁、付瀛莹
2007	中国北方草原古代金银器	大连市第十二届社会科学进步奖（首届政府奖）三等奖	张景明著	王戈
2008	长沙东牌楼东汉简牍	2007年度全国优秀古籍图书奖荣誉奖	长沙市文物考古研究所、中国文物研究所编	蔡敏
2008	吐鲁番柏孜克里克石窟出土汉文佛教典籍	2007年度全国优秀古籍图书奖一等奖	新疆维吾尔自治区吐鲁番学研究院、武汉大学中国三至九世纪研究所编	张庆玲
2008	金砖识录	2007年度全国优秀古籍图书奖二等奖	丁文父编著	佟景宸
2008	额济纳汉简释文校本	2008年度全国优秀古籍图书奖二等奖	孙家洲主编	贾东营
2008	中国记忆——五千年文明瑰宝	2008年度中国最美的书	首都博物馆编	段书安
2008	三星堆与南丝路：中国西南地区的青铜文化	2007年度全国文博考古十佳图书	《三星堆与南丝路》编委会编	李克能、于炳文、王铮、冯冬梅
2008	中国古玉器图典	2007年度全国文博考古十佳图书	古方编著	张征雁
2008	梁庄王墓（上、下）	2007年度全国文博考古十佳图书	湖北省文物考古研究所著	张庆玲
2008	新疆的青铜时代和早期铁器时代文化	2007年度全国文博考古十佳图书	韩建业著	王伟
2008	世界遗产·柬埔寨吴哥古迹：周萨神庙	2007年度全国文博考古十佳图书	中国文物研究所编著	李睿
2008	湖北省南水北调工程重要考古发现Ⅰ	2007年度全国文博考古十佳图书	湖北省文物局主编	杨新改、张征雁
2008	北福地：易水流域史前遗址	2007年度全国最佳考古发掘报告	段宏振主编	任红伏

获奖年度	书名	所获奖项	编著者	责任编辑
2008	中国新石器时代：迈向早期国家之路	2007年度全国最佳翻译作品	(澳)刘莉著 陈星灿等译	谷艳雪
2008	长江中游文明之旅丛书（全11册）	2007年度全国最佳普及类图书	湖北省博物馆编	张征雁、傅瀛莹、李红、杨新改、张征雁 段书安、罗亚琳、郭维富、王伟
2008	带你走进博物馆——百馆百宝	新闻出版总署确定的农家书屋必备图书	毛佩琦、齐吉祥主编	贾东营
2008	带你走进博物馆——云南省博物馆	云南省第十一次哲学社会科学优秀成果三等奖	云南省博物馆编著	贾东营
2008	丸都山城	吉林省社会科学界联合会第二次社会科学优秀成果奖	吉林省文物考古研究所、集安市博物馆著	张广然、李克能
2008	国内城	吉林省社会科学界联合会第二次社会科学优秀成果奖	吉林省文物考古研究所、集安市博物馆著	李克能、张广然
2008	集安高句丽王陵	吉林省社会科学界联合会第二次社会科学优秀成果奖	吉林省文物考古研究所、集安市博物馆著	李克能、张广然
2008	丸都山城	吉林省第七次社会科学优秀成果奖著作类一等奖	吉林省文物考古研究所、集安市博物馆著	张广然、李克能
2008	国内城	吉林省第七次社会科学优秀成果奖著作类一等奖	吉林省文物考古研究所、集安市博物馆著	李克能、张广然
2008	集安高句丽王陵	吉林省第七次社会科学优秀成果奖著作类一等奖	吉林省文物考古研究所、集安市博物馆著	李克能、张广然
2009	书画中国——绘画卷一（音像制品）	第二届中华优秀出版物音像提名奖		何新河、唐东亮等
2009	殷墟甲骨辑佚——安阳民间藏甲骨	2009年度全国优秀古籍图书奖一等奖	太仓博物馆编	于炳文
2009	殷虚书契考释原稿信札	2009年度全国优秀古籍图书奖二等奖	罗振玉著	张小舟
2009	世界遗产·柬埔寨吴哥古迹：周萨神庙	第一届中国建筑图书奖“向全国图书馆推荐书目”	中国文物研究所编著	李睿
2009	蓟县独乐寺	第一届中国建筑图书奖“向全国图书馆推荐书目”	杨新编著	周成
2009	应县木塔	第二届中国建筑图书奖	陈明达编著	周成
2009	中国记忆——五千年文明瑰宝	2009年度“世界最美的书”荣誉奖	首都博物馆编	段书安
2009	中国记忆——五千年文明瑰宝	第二十届香港印制大奖	首都博物馆编	段书安
2009	太仓文物精华	第二届中华印刷大奖 2009铜奖	太仓博物馆编	窦旭耀
2009	西藏布达拉宫壁画保护修复工程报告	2008年度全国文博考古十佳图书	李最雄主编	杨新改
2009	文物行政执法案例选编与评析	2008年度全国文博考古十佳图书	国家文物局主编	张晓曦
2009	奇迹天工——中国古代发明创造文物展	2008年度全国文博考古十佳图书	国家文物局、中国科学技术协会编	李红、张征雁
2009	中国记忆——五千年文明瑰宝	2008年度全国文博考古十佳图书	首都博物馆编	段书安

获奖年度	书名	所获奖项	编著者	责任编辑
2009	新密新砦——1999～2000年田野考古发掘报告	2008年度全国文博考古十佳图书	北京大学古代文明研究中心、郑州市文物考古研究所编	黄曲
2009	永乐宫壁画	2008年度全国最佳图录	肖军编	黄文昆、李穆
2009	蒙古国浩腾特苏木乌布尔哈布其勒三号四方形遗址发掘报告(2006年)	2008年度全国最佳考古发掘报告	中国内蒙古自治区文物考古研究所、蒙古国游牧文化研究国际学院、蒙古国国家博物馆编	李飏
2009	中国古代发明创造丛书	第七届全国书籍设计艺术展览优秀作品	叶倩、陈克伦、吴来明、周亚、廉海萍、丁忠明、赵丰、徐铮、佟春燕著	李红、张征雁
2009	中国记忆——五千年文明瑰宝	第七届全国书籍设计艺术展览优秀作品	首都博物馆编	段书安
2009	紫檀缘	第七届全国书籍设计艺术展览优秀作品	田家青著	张广然
2009	胡汉之间——丝绸之路与西北历史考古	宁夏第十届哲学社会科学优秀成果奖（首届自治区政府奖）著作一等奖	罗丰著	王戈
2010	新中国出土墓志（共10卷）	2009年度全国优秀古籍图书奖一等奖	中国文物研究所、北京石刻艺术博物馆、河北省文物研究所、中国文化遗产研究院、上海博物馆、天津市文化遗产保护中心、常熟博物馆、河南省文物考古研究所、千唐志斋博物馆、重庆市博物馆、陕西省古籍整理办公室编	蔡敏、孟宪钧、李克能、张爽
2010	历代书籍装帧艺术	2009年度全国优秀古籍图书奖二等奖	李明君著	李诤
2010	秦汉简牍文书分类辑解	2009年度全国优秀古籍图书奖二等奖	李均明编著	张庆玲
2010	敦煌（音像制品）	第三届中华优秀出版物奖音像提名奖		柯增升
2010	秦始皇帝陵	第十六届美国印制大奖“班尼金奖”	秦始皇帝陵博物馆编著	张广然
2010	影像水陆庵	陕西省对外宣传品画册类一等奖	中国西安文物保护修复中心 美国西北大学学术技术部著	王戈
2010	文明的长河——中外文化艺术对照年表（插图本）	向全国青少年推荐百种优秀图书	中华世纪坛世界艺术馆编	李红、罗亚琳
2010	中国文物事业60年	2009年度全国文化遗产十佳图书	国家文物局编	李东
2010	中国考古60年1949～2009	2009年度全国文化遗产十佳图书	国家文物局主编	《文物》编辑部
2010	“三普人”手记——第三次全国文物普查征文选集	2009年度全国文化遗产十佳图书	国家文物局第三次全国文物普查办公室编	李东
2010	早期中国——中华文明起源	2009年度全国文化遗产十佳图书	中华人民共和国科学技术部、国家文物局编	段书安、李红
2010	曾昭燏文集·考古卷	2009年度全国产最佳文集	南京博物院编	秦彧

获奖年度	书名	所获奖项	编著者	责任编辑
2010	苏州博物馆藏瓷器	2009年度全国最佳目录	苏州博物馆编	黄曲
2010	博物馆纺织品文物保护技术手册	2009年度全国最佳工具书	国家文物局博物馆与社会文物司主编	郑彤
2010	西安东汉墓（上、下）	2009年度全国最佳考古发掘报告	西安市文物保护考古所编	李缙云
2010	元瓷之珍	2009年度全国最佳文物鉴赏图书	安徽省博物馆编	张征雁
2010	佛教美术全集	2009年度全国文化遗产优秀图书	马世长等编著	张广然、贾东营、李飏、王扬、李东
2010	景教遗珍——洛阳新出唐代景教经幢研究	2009年度全国文化遗产优秀图书	葛承雍主编	李睿
2010	柴泽俊古建筑修缮文集	2009年度全国文化遗产优秀图书	柴泽俊著	周成
2010	汉文佛籍目录	2009年度全国文化遗产优秀图书	宿白著	李力
2010	景德镇出土明代御窑瓷器	2009年度全国文化遗产优秀图书	北京大学考古文博学院、江西省文物考古研究所、景德镇市陶瓷考古研究所编	王霞、李媛媛
2010	南海Ⅰ号沉浮记——继往开来的航程	2009年度全国文化遗产优秀图书	李岩、陈以琴编著	王霞
2010	俞伟超先生纪念文集·学术卷	2009年度全国文化遗产优秀图书	北京大学考古文博学院、中国国家博物馆编	李媛媛
2010	渤海上京城：1998～2007年度考古发掘调查报告（上、下）	2009年度全国文化遗产优秀图书	黑龙江省文物考古研究所编著	李缙云
2010	秦汉——罗马文明展	2009年度全国文化遗产优秀图书	中国国家文物局、意大利文化遗产与艺术活动部主编	李红、张征雁
2010	复兴之路	2009年度全国文化遗产优秀图书	中国国家博物馆编	李红，郭维富
2010	我与文化遗产保护——庆祝新中国60年华诞“我与文化遗产保护”大型主题征文活动文选	2009年度全国文化遗产优秀图书	中国文物报社编	李东
2011	新中国出土墓志（共10卷）	第二届中国出版政府奖图书奖	中国文物研究所、北京石刻艺术博物馆、河北省文物研究所、中国文化遗产研究院、上海博物馆、天津市文化遗产保护中心、常熟博物馆、河南省文物考古研究所、千唐志斋博物馆、重庆市博物馆、陕西省古籍整理办公室编	蔡敏、孟宪钧、李克能、刘爽
2011	中国记忆——五千年文明瑰宝	第二届中国出版政府奖装帧设计奖	首都博物馆编	段书安
2011	秦始皇帝陵	第二届中国出版政府奖装帧设计奖提名奖	秦始皇兵马俑博物馆编	张广然
2011	银雀山汉墓竹简（贰）	2010年度全国优秀古籍图书奖一等奖	《银雀山汉墓竹简》整理小组编	张庆玲
2011	闻宥落照堂藏青铜器拓本	2010年度全国优秀古籍图书奖二等奖	闻广、 张长寿编	孙霞
2011	开宝遗珍	2010年度全国优秀古籍图书奖二等奖	方广锠、李际宁主编	孙霞

获奖年度	书名	所获奖项	编著者	责任编辑
2011	中国古代砖刻铭文集	第三届中国书法兰亭奖编辑出版奖三等奖	胡海帆、汤燕编	李穆
2011	海曲华风——渤海上京城出土文物精华	2010年度全国文化遗产十佳图书	李陈奇、赵哲夫著	李缙云
2011	踏寻遗珍——第三次全国文物普查实地文物调查阶段突出贡献个人手记汇编	2010年度全国文化遗产十佳图书	中国文物报社编	李东
2011	太平天国忠王府彩画	2010年度全国文化遗产十佳图书	苏州博物馆编著	张小舟
2011	谢辰生文博文集	2010年度全国最佳文集	彭卿云主编	王戈
2011	美岱召壁画与彩绘	2010年度全国最佳图录	包头市文物管理处编著	李飏
2011	灵宝西坡墓地	2010年度全国最佳考古发掘报告	中国社会科学院考古研究所、河南省文物考古研究所编著	谷艳雪
2011	陶器生产、聚落形态与社会变迁——新石器至早期青铜时代的垣曲盆地	2010年度全国最佳论著	戴向明著	杨新改
2011	江西明代藩王墓	2010年度全国文化遗产优秀图书	江西省博物馆等编	张广然
2011	连云港孔望山	2010年度全国文化遗产优秀图书	中国国家博物馆田野考古研究中心、南京博物院考古研究中心连云港市博物馆、连云港市文物管理委员会办公室编	张庆玲
2011	银雀山汉墓竹简 贰	2010年度全国文化遗产优秀图书	《银雀山汉墓竹简》整理小组编	张庆玲
2011	百年稚柳——纪念谢稚柳诞辰100周年书画特辑	2010年度全国文化遗产优秀图书	常州博物馆编	张小舟
2011	麦积山石窟研究	2010年度全国文化遗产优秀图书	麦积山石窟艺术研究所著	黄文昆、李诤
2011	汉魏洛阳故城南郊礼制建筑遗址	2010年度全国文化遗产优秀图书	中国社会科学院考古研究所编	杨冠华
2011	博物馆的沉思——苏东海论文选（卷三）	2010年度全国文化遗产优秀图书	苏东海著	肖大桂
2011	2009年度文物保护科学和技术创新成果集	2010年度全国文化遗产优秀图书	国家文物局编	张广然
2011	嵩山行	2010年度全国文化遗产优秀图书	周昆叔著	王伟
2011	汶上南旺——京杭大运河南旺分水枢纽工程及龙王庙古建筑群发掘报告	山东省“山东文化艺术科学优秀成果奖”一等奖	山东省文物考古研究所、中国文化遗产研究院编著	杨冠华
2011	中国竹木牙角器全集（全5册）	第三届“三个一百”原创出版工程作品	《中国竹木牙角器全集》编辑委员会编	段书安、李红、郭维富
2012	长安新出墓志	2011年度全国优秀古籍图书奖一等奖	西安市长安博物馆编	李睿
2012	“凿枘工巧”——中国古卧具	2012年度中国最美的书	华炎黄文化研究会编	李红
2012	中国美术分类全集（《中国青铜器全集》《中国法书全集》《中国绘画全集》）	国家重大出版工程项目“特别贡献奖”	《中国青铜器全集》编辑委员会、中国古代书画鉴定组编	张囤生、段书安、李红、李穆、张征雁、何巧珍、孙霞、赵磊、张玮、李诤等

获奖年度	书名	所获奖项	编著者	责任编辑
2012	第三次全国文物普查百大新发现	2011年度全国文化遗产十佳图书	国家文物局编	张广然
2012	足迹：考古随感录	2011年度全国文化遗产十佳图书	严文明著	杨新改
2012	河西走廊史前考古调查报告	2011年度全国文化遗产十佳图书	甘肃省文物考古研究所、北京大学考古文博学院编著	杨新改
2012	运城盆地东部聚落考古调查与研究	2011年度全国文化遗产优秀图书	中国国家博物馆田野考古研究中心、山西省考古研究所、运城市文物保护研究所编著	杨新改
2012	百工千慧——中国文物保护科学和技术成果展	2011年度全国文化遗产优秀图书	首都博物馆编	郭维富
2012	义县奉国寺	2011年度全国文化遗产优秀图书	辽宁省文物保护中心、义县文物保管所编著	王铮
2012	理学思潮与世情小说	教育部高等学校科学研究优秀成果	赵兴勤著	孙霞
2012	理学思潮与世情小说	徐州市哲学社会科学优秀成果一等奖	赵兴勤著	孙霞
2012	古代碑帖译注	2011年度全行业优秀畅销品种	王玉池著	张玮
2012	说笔	2011年度全行业优秀畅销品种	徐清著	张玮
2012	炎帝古庙	中华炎黄文化优秀成果奖	高平市炎帝文化研究会编	张晓曦
2012	中国文物地图集-重庆分册	2012年优秀地图作品裴秀奖铜奖	国家文物局主编	陈峰
2012	汉魏洛阳故城南郊礼制建筑遗址（1962～1992年考古发掘报告）	第四届郭沫若中国历史学奖提名奖	中国社会科学院考古研究所编	杨冠华
2012	外家纪闻：启功先生外祖家的事	北京质量协会印刷分会图书优质品一等品	允丽著	孙霞
2012	蒙古国浩腾特苏木乌布尔哈布其勒三号四方形遗址发掘报告(2006年)	内蒙古自治区第三届哲学社会科学优秀成果政府奖二等奖	中国内蒙古自治区文物考古研究所、蒙古国游牧文化研究国际学院、蒙古国国家博物馆编	李飏
2013	中国法书全集	第三届中国出版政府奖图书奖	中国古代书画鉴定组编	何巧珍、孙霞、程同根、李穆、李诤、张玮
2013	银雀山汉墓竹简（贰）	第三届中国出版政府奖图书提名奖	《银雀山汉墓竹简》整理小组编	张庆玲
2013	文物	第三届中国出版政府奖期刊提名奖		《文物》月刊编辑部
2013	敦煌（音像制品，英文版）	第四届中华优秀出版物奖音像提名奖		柯增生
2013	文物	2013年度中国百强期刊		《文物》月刊编辑部
2013	成都出土历代墓铭券文图录综释（全3册）	2012年度全国优秀古籍图书奖一等奖	刘雨茂、荣远大编著	王伟、张征雁
2013	唐大明宫史料汇编	2012年度全国优秀古籍图书奖二等奖	吴春、韩海梅、高本宪主编	张晓曦
2013	苏州博物馆藏古籍善本	2012年度全国优秀古籍图书奖二等奖	苏州博物馆编著	李穆

获奖年度	书名	所获奖项	编著者	责任编辑
2013	古代铭刻论丛	2012年度全国优秀古籍图书奖二等奖	叶其峰著	贾东营
2013	中国古代书画图目（全16册）	首届向全国推荐优秀古籍整理图书目录	中国古代书画鉴定组编	张征雁等
2013	吐鲁番出土文书（全4册）	首届向全国推荐优秀古籍整理图书目录	中国文物研究所等编	张庆玲、蔡敏
2013	新中国出土墓志（共10卷）	首届向全国推荐优秀古籍整理图书目录	中国文物研究所、北京石刻艺术博物馆、河北省文物研究所、中国文化遗产研究院、上海博物馆、天津市文化遗产保护中心、常熟博物馆、河南省文物考古研究所、千唐志斋博物馆、重庆市博物馆、陕西省古籍整理办公室编	蔡敏、孟宪钧、李克能、刘爽
2013	王世襄集：髹饰录解说	首届向全国推荐优秀古籍整理图书目录	王世襄著	蔡敏
2013	中国版刻图录（全1函8册）	首届向全国推荐优秀古籍整理图书目录	国家图书馆编	王戈
2013	中华历史文化名楼系列丛书（全11册）	2013年向全国青少年推荐百种优秀图书	中国文物学会历史文化名楼保护专业委员会编	李睿等
2013	西藏涌泉木刻浮雕唐卡	第二届向全国推荐百种优秀民族图书	和靖主编	李红、张征雁
2013	文物	2013中国最具国际影响力学术期刊·人文社会科学		《文物》月刊编辑部
2013	仰观集——古文物的欣赏与鉴定	2012年度全国文化遗产十佳图书	孙机著	郑彤
2013	科技考古的方法与应用	2012年度全国文化遗产十佳图书	中国社会科学院考古研究所著	谷艳雪
2013	明长城	2012年度全国文化遗产十佳图书	国家文物局主编	李克能、张广然冯冬梅
2013	元中都——1998～2003年发掘报告	2012年度全国文化遗产十佳图书	河北省文物研究所编著	窦旭耀
2013	中国古代髹漆家具——十至十八世纪证据的研究	2012年度全国文化遗产十佳图书	丁文父著	许海意
2013	中华历史文化名楼系列丛书（全11册）	2012年度全国文化遗产十佳图书	中国文物学会历史文化名楼保护专业委员会编	李睿等
2013	秦始皇帝陵出土一号青铜马车	2012年度全国文化遗产优秀图书	秦始皇帝陵博物院编	李睿
2013	宋伯胤文集·民族调查卷	2012年度全国文化遗产优秀图书	南京博物院编	张晓曦
2013	敦煌石窟全集·莫高窟266～275窟考古报告	甘肃省第十三届哲学社会科学优秀成果一等奖	敦煌研究院主编	黄文昆 李铮
2014	清代家具（修订版）	第五届中华优秀出版物奖图书奖	田家青编著	张广然、贾东营
2014	谢家福日记（外一种）	2013年度全国优秀古籍图书奖二等奖	苏州博物馆编著	窦旭耀
2014	民国文物法规史评	2013年度全国文化遗产十佳图书	李晓东著	周成、陈峰

获奖年度	书名	所获奖项	编著者	责任编辑
2014	图像·艺术·历史丛书：汉代画像石审美研究	河南省教育厅人文社会科学研究优秀成果特等奖	王娟著	王戈
2014	中国文物地图集——河北分册	2012年优秀地图作品裴秀奖铜奖	国家文物局主编	陈峰
2014	白山黑水海东青：纪念金中都建都860周年	2013年度全国文化遗产十佳图书	首都博物馆、黑龙江省博物馆主编	段书安
2014	俄罗斯滨海边疆区：渤海文物集萃、女真文物集萃	2013年度全国文化遗产优秀图书	吉林省考古研究所、俄罗斯科学院远东分院民族历史、考古与民族研究所编著	张广然、贾东营
2014	茶胶寺庙山建筑研究	2013年度全国文化遗产优秀图书	温玉清著	李睿
2014	海峡两岸及港澳地区建筑遗产再利用研讨会论文集及案例汇编	2013年度全国文化遗产优秀图书	国家文物局编	孙霞
2014	二里头（1999～2006）	中国社会科学院2014年创新工程重大人文基础研究成果	中国社会科学院考古研究所编著	谷艳雪
2014	明蓟镇长城——1981～1987年考古报告	2013年度全国文化遗产十佳图书、第十四届河北省哲学社会科学优秀成果荣誉奖	河北省文物研究所编著	谷艳雪、刘昶、黄曲、秦彧、张庆玲、杨冠华
2015	开成石经（珍藏版）	2014年度全国优秀古籍图书奖一等奖	西安碑林博物馆整理	张玮、李穆、李睿
2015	敦煌莫高窟题记汇编	2014年度全国优秀古籍图书奖二等奖	徐自强、张永强、陈晶编著	张玮
2015	中国唐卡文化研究中心丛书（全12册）	第二十四届优秀美术图书“金牛杯”银奖	中国唐卡文化研究中心编　康·格桑益希、凡建秋著、奪·琼培著、主编　康·格桑益希、罗桑开珠、张晓威主编	李缙云、贾东营、刘永海
2015	丝绸之路	第二十四届优秀美术图书“金牛杯”铜奖	国家文物局编	杨冠华
2015	秦始皇帝陵出土二号青铜马车	第六十六届美国印制大奖优秀奖	秦始皇帝陵博物院编著	李睿
2015	襄汾陶寺——1978～1985年考古发掘报告	中国社会科学院创新工程2015年度基础研究重大成果	中国社会科学院考古研究所、山西省临汾市文物局编著	蔡敏、刘昶
2015	中华历史文化名楼系列丛书（全11册）	国家新闻出版总局首届向全国推荐中华优秀传统文化普及图书	中国文物学会历史文化名楼保护专业委员会编	李睿等
2015	二里头（1999～2006）（全5册）	2014年度全国文化遗产十佳图书	中国社会科学院考古研究所编著	谷艳雪
2015	中国绘画全集	2014年度全国文化遗产十佳图书	中国古代书画鉴定组编著	李红、张征雁、张玮、智朴、张朔婷、王紫薇
2015	丝绸之路	2014年度全国文化遗产十佳图书	国家文物局编	杨冠华
2015	让文物活起来：文物合理利用经验集萃	2014年度全国文化遗产优秀图书	国家文物局编	孙漪娜
2015	跨湖桥独木舟遗址原址保护	2014年度全国文化遗产优秀图书	杭州市萧山跨湖桥遗址博物馆编著	刘昶

获奖年度	书名	所获奖项	编著者	责任编辑
2015	仙人洞与吊桶环	2014年度全国文化遗产优秀图书	北京大学考古文博学院、江西省文物考古研究所编著	陈峰
2015	说陶论瓷——权奎山陶瓷考古论文集	2014年度全国文化遗产优秀图书	权奎山著	秦彧
2015	第一次全国可移动文物普查工作手册（修订版）	2014年度全国文化遗产优秀图书	国家文物局编	许海意
2016	陈簠斋彝器全形拓精选（一）	2016年度全国优秀古籍图书奖一等奖	中国文化遗产研究院编	李缙云、刘永海
2016	袁氏藏明清名人尺牍	第二十五届优秀美术图书“金牛杯”银奖	李志纲、刘凯主编	张玮、李穆
2016	觯斋瓷乘	第二十五届优秀美术图书“金牛杯”铜奖	郭葆昌编著	李缙云、刘永海
2016	晋祠文化遗产全书	第二十五届优秀美术图书“金牛杯”铜奖	太原市晋祠博物馆编	孙霞、许海意、张晓曦、王媛
2016	经龙装苏士澍书篆书《心经》	第二十五届优秀美术图书“金牛杯”优秀装帧设计奖	苏士澍书	李缙云、刘永海
2016	中国皮影戏全集	第六届中华优秀出版物奖图书奖	魏力群主编	贾东营、张征雁、张玮等
2016	文物进出境审核工作手册	尊法学法守法用法“主题征集展播暨第十二届全国法制动漫微电影作品征集展播活动奖	国家文物局编	张晓曦、陈峰
2016	中国古代石灰类材料研究	2015年度全国文化遗产十佳图书	李黎、赵林毅著	陈峰
2016	中国动物考古学	2015年度全国文化遗产十佳图书	袁靖著	张小舟
2016	权力与信仰——良渚遗址群考古特展	2015年度全国文化遗产十佳图书	浙江省文物考古研究所、北京大学考古文博学院、北京大学中国考古学研究中心、良渚博物院、杭州余杭博物馆编著	黄曲
2016	柬埔寨吴哥古迹茶胶寺考古报告	2015年度全国文化遗产十佳图书	中国文化遗产研究院、中国政府援助吴哥古迹保护工作队、柬埔寨吴哥古迹保护与发展管理局、柬埔寨金边皇家艺术大学编著	王媛
2016	北平研究院北平庙宇调查资料汇编（内一区卷）	2015年度全国文化遗产优秀图书	中国文化遗产研究院编	李飏、智朴、王紫薇
2016	北燕冯素弗墓	2015年度全国文化遗产优秀图书	辽宁省博物馆编著	杨新改
2016	秦始皇帝陵出土二号青铜马车	2015年度全国文化遗产优秀图书	秦始皇帝陵博物院编著	李睿
2016	文物在诉说：中国抗战遗迹概览	2015年度全国文化遗产优秀图书	国家文物局编	孙漪娜
2016	襄汾陶寺—1978～1985年考古发掘报告	2015年度全国文化遗产优秀图书	中国社会科学院考古研究所 山西省临汾市文物局编著	蔡敏、刘昶
2016	临淄齐故城	首届中国考古学大会金鼎奖	山东省文物考古研究所编著	秦彧

文物出版社获奖出版物

中国出版政府奖获奖图书

全国优秀古籍图书奖获奖图书

中国建筑图书奖获奖图书

装帧类奖获奖图书

印制类奖获奖图书

《中国法书全集》获得第三届中国出版政府奖图书奖

《中国美术分类全集》获得国家重大出版工程项目“特别贡献奖”（其中《中国青铜器全集》《中国法书全集》《中国绘画全集》各分册由我社出版）

《中国皮影戏全集》获得第六届中华优秀出版物奖图书奖

《清代家具》（修订版）获得第五届中华优秀出版物奖图书奖

《开宝遗珍》获得2010年度全国优秀古籍图书奖二等奖

《开成石经》（珍藏版）获得2014年度全国优秀古籍图书奖一等奖

《中国唐卡文化研究中心丛书》获得第二十四届优秀美术图书“金牛杯”银奖

《丝绸之路》获得第二十四届优秀美术图书“金牛杯”铜奖

《袁氏藏明清名人尺牍》获得第二十五届优秀美术图书“金牛杯”银奖

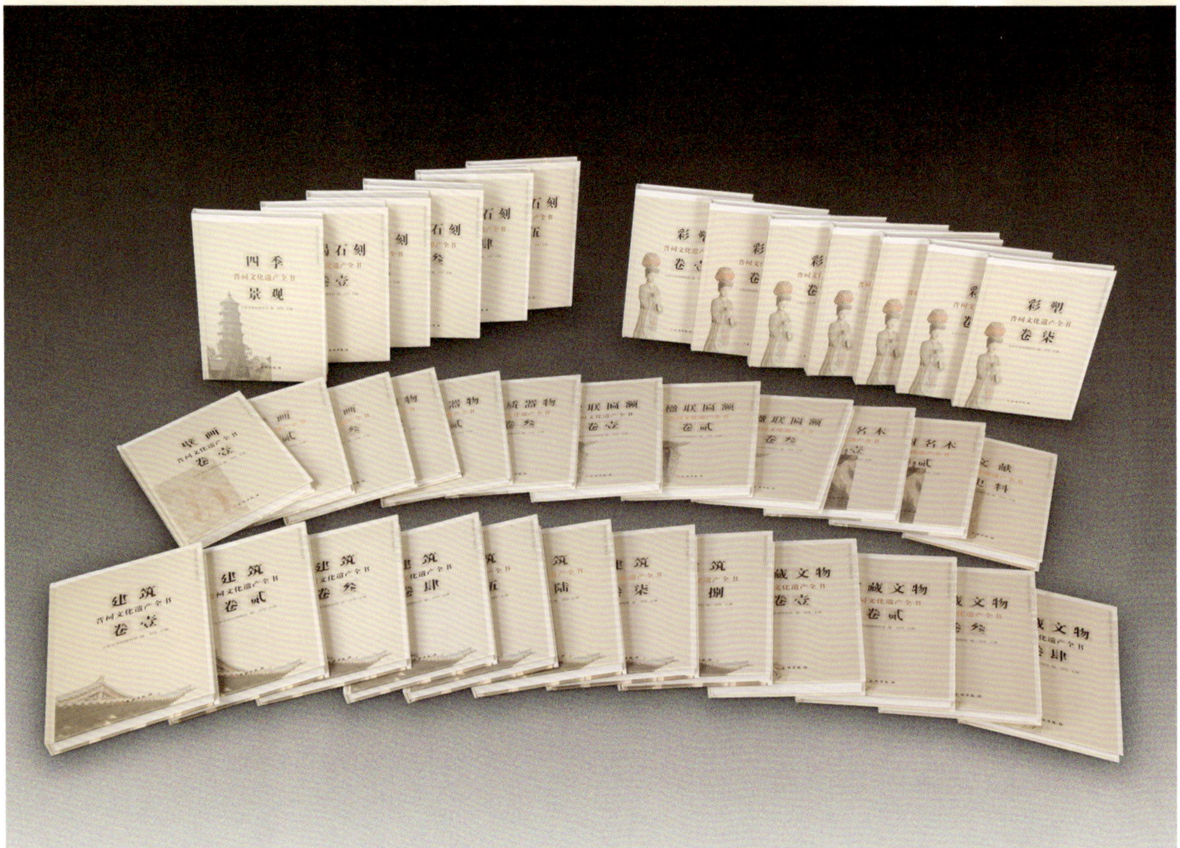

《晋祠文化遗产全书清代家具》获得第二十五届优秀美术图书“金牛杯”铜奖

《觯斋瓷乘》获得第二十五届优秀美术图书“金牛杯”铜奖

经龙装苏士澍书篆书《心经》获得第二十五届优秀美术图书“金牛杯”优秀装帧设计奖

《中国古代砖刻铭文集》获得第三届中国书法兰亭奖编辑出版奖三等奖

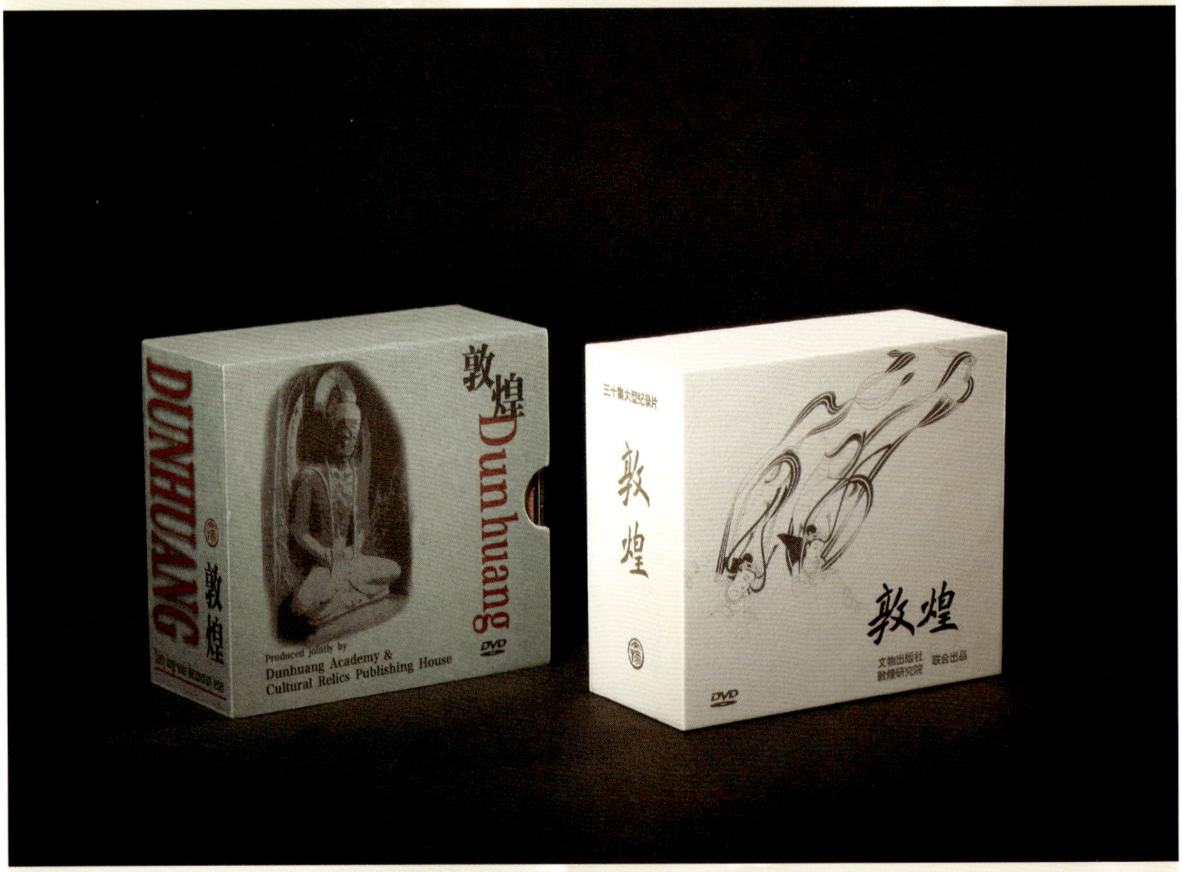

《敦煌》获得中华优秀出版物奖音像提名奖

文物出版社部分精品图书

《澧县城头山》考古发掘报告

《凌家滩》考古发掘报告

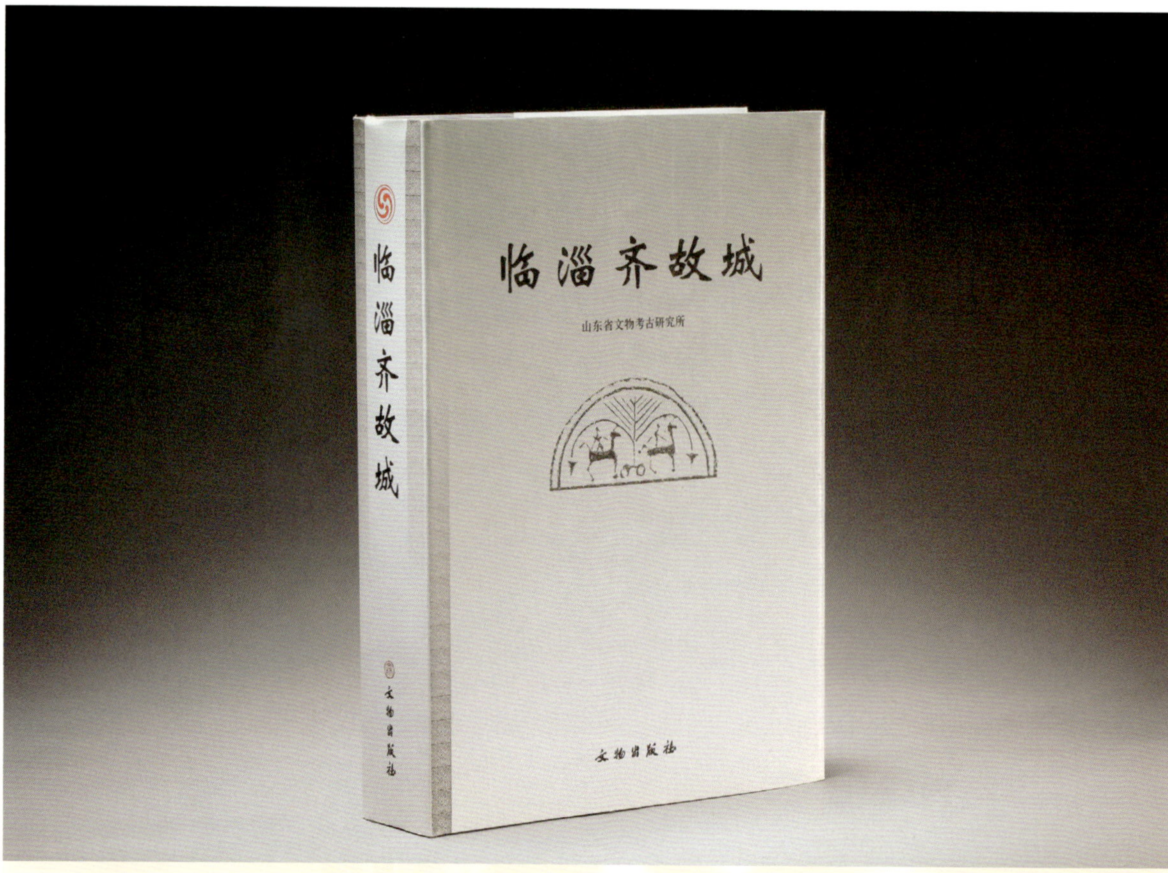

《临淄齐故城》考古发掘报告

《南越宫苑遗址》考古发掘报告

《景德镇湖田窑址》考古发掘报告

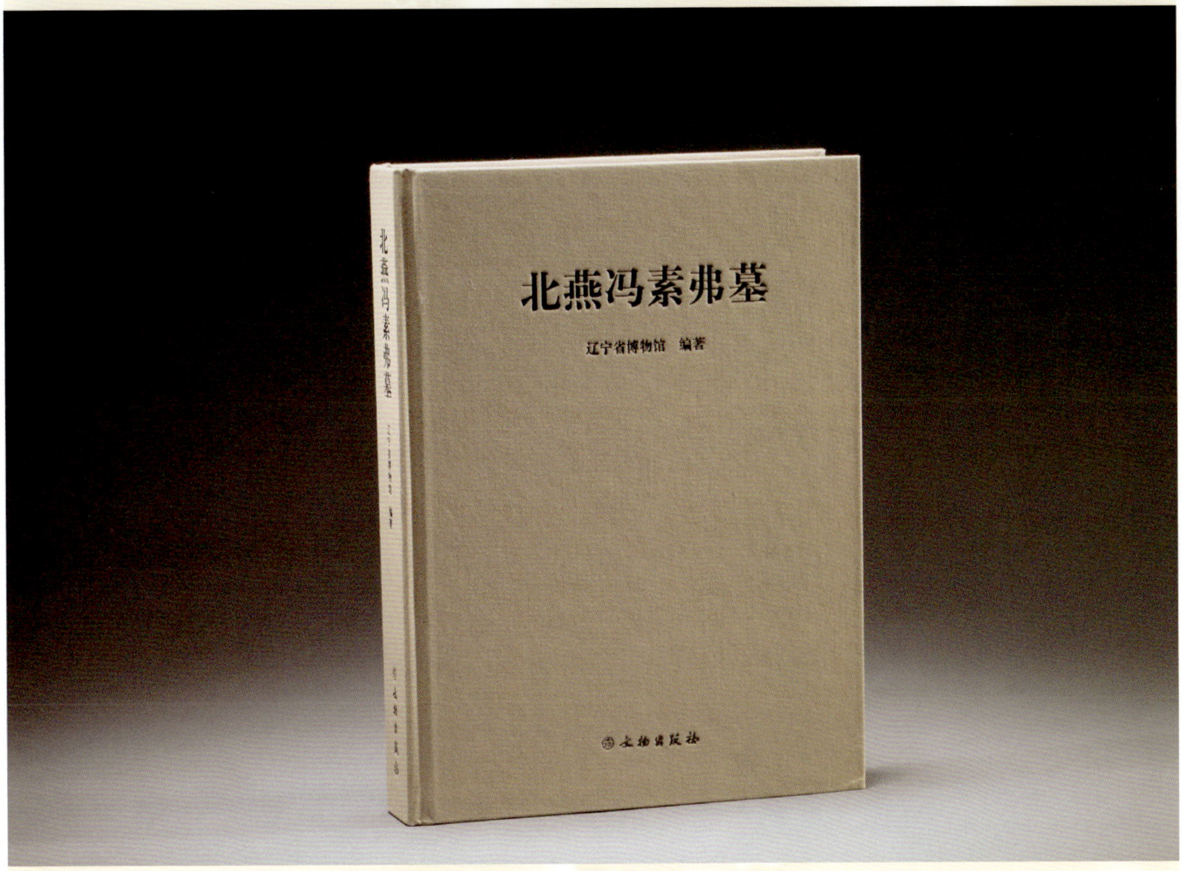

《北燕冯素弗墓》考古发掘报告

《鸿山越墓发掘报告》系列丛书

《二里头》考古发掘报告

《东山村》考古发掘报告

《襄汾陶寺》考古发掘报告

《里耶秦简》

《乾隆南巡图研究》

《法门寺考古发掘报告》

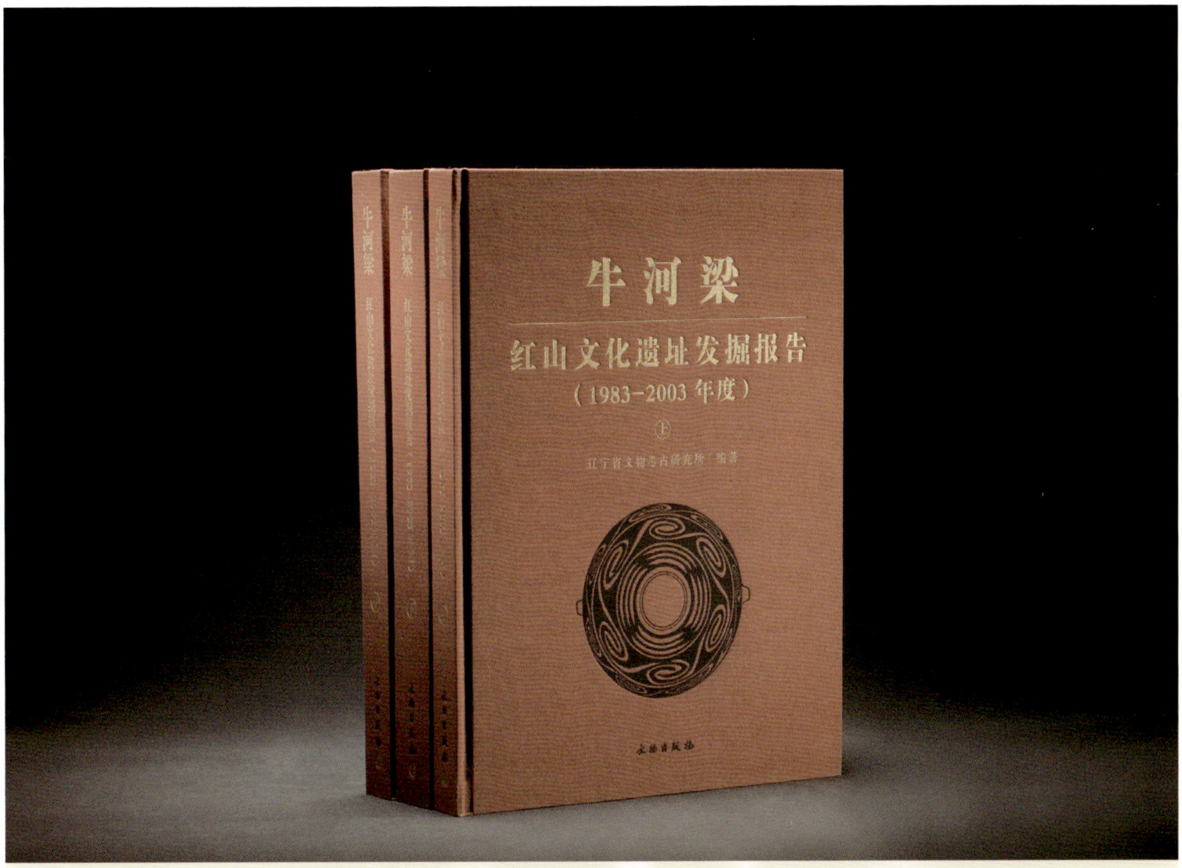

《牛河梁——红山文化遗址发掘报告（1983～2003年度）》

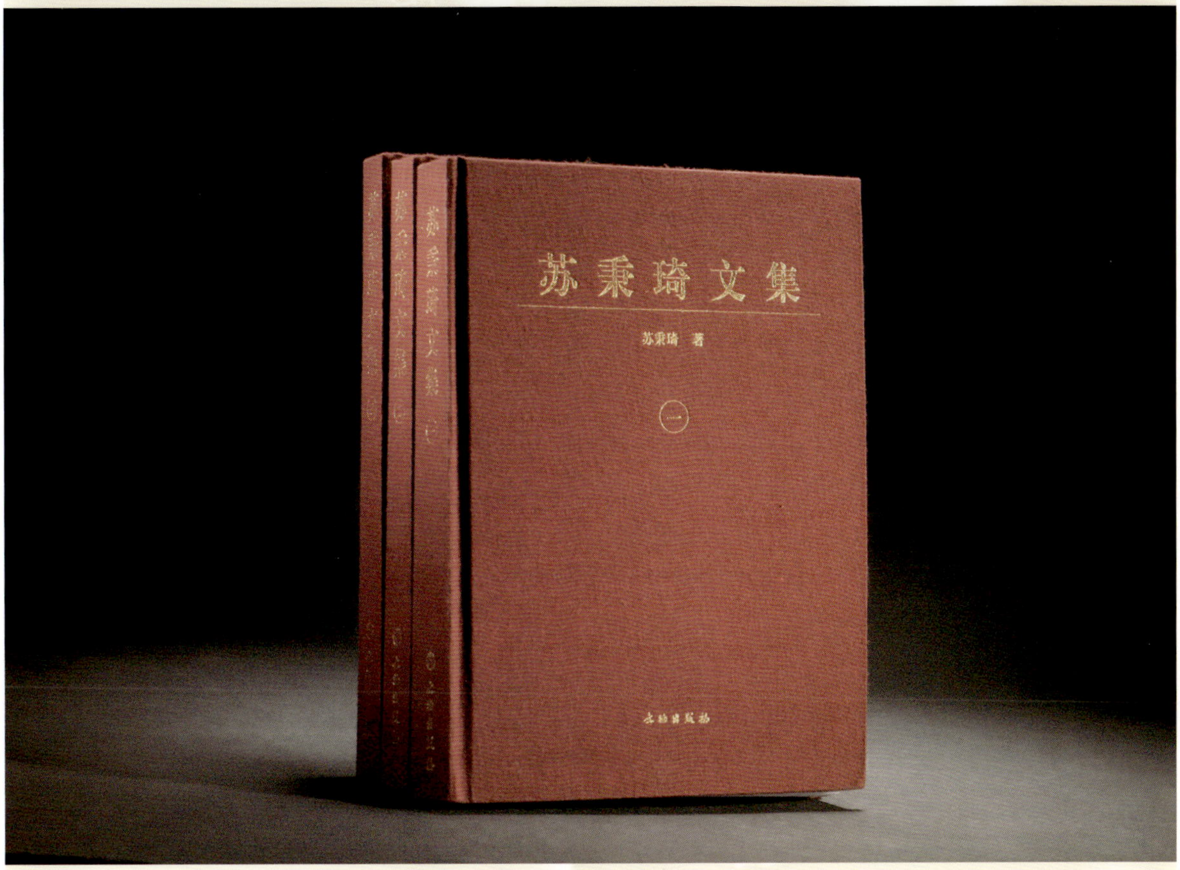

《苏秉琦文集》

《汉魏洛阳故城南郊礼制建筑遗址》考古发掘报告

《明蓟镇长城》系列丛书

《天津博物馆精品系列图集》和《天津博物馆文物展览系列图集》

内蒙古文化遗产系列丛书

佛经卷轴装系列丛书

《中国文物年鉴》《草原金石录》《吉金萃影》等书

《四川博物院文物精品集》《海上瓷路》《汉阳陵》《北周史君墓》等书

石窟、古建修缮工程报告系列丛书

《中国文物地图集》系列丛书

文物保护技术与标准等书

《20世纪中国文物考古发现与研究丛书》（全套60册）

《稀见笔记丛刊》系列丛书

《古籍善本再造之珍稀古籍丛刊》

《两城镇》《中国唐卡》《天禄琳琅》等书

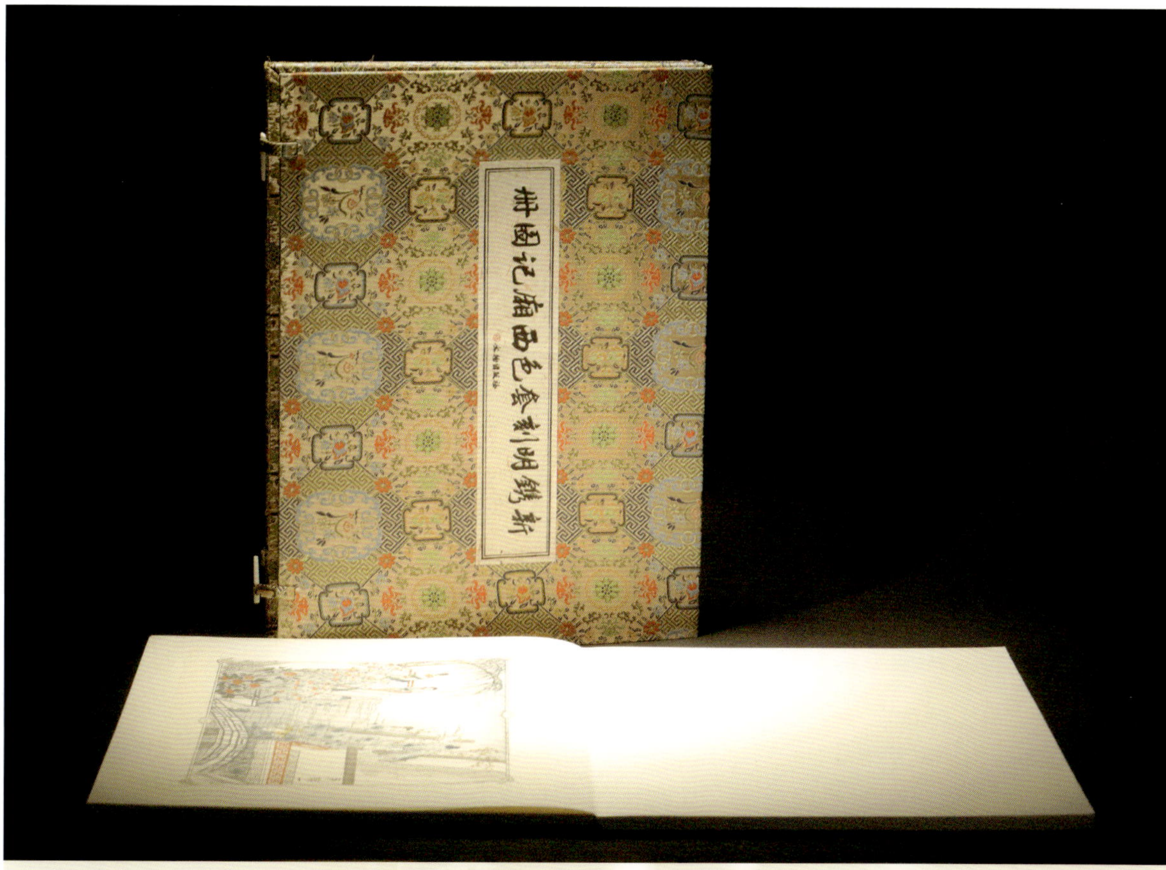

《新镌明刻套色西厢记图册》

《清华大学藏战国竹简书法简编》

龙鳞装《红楼梦》

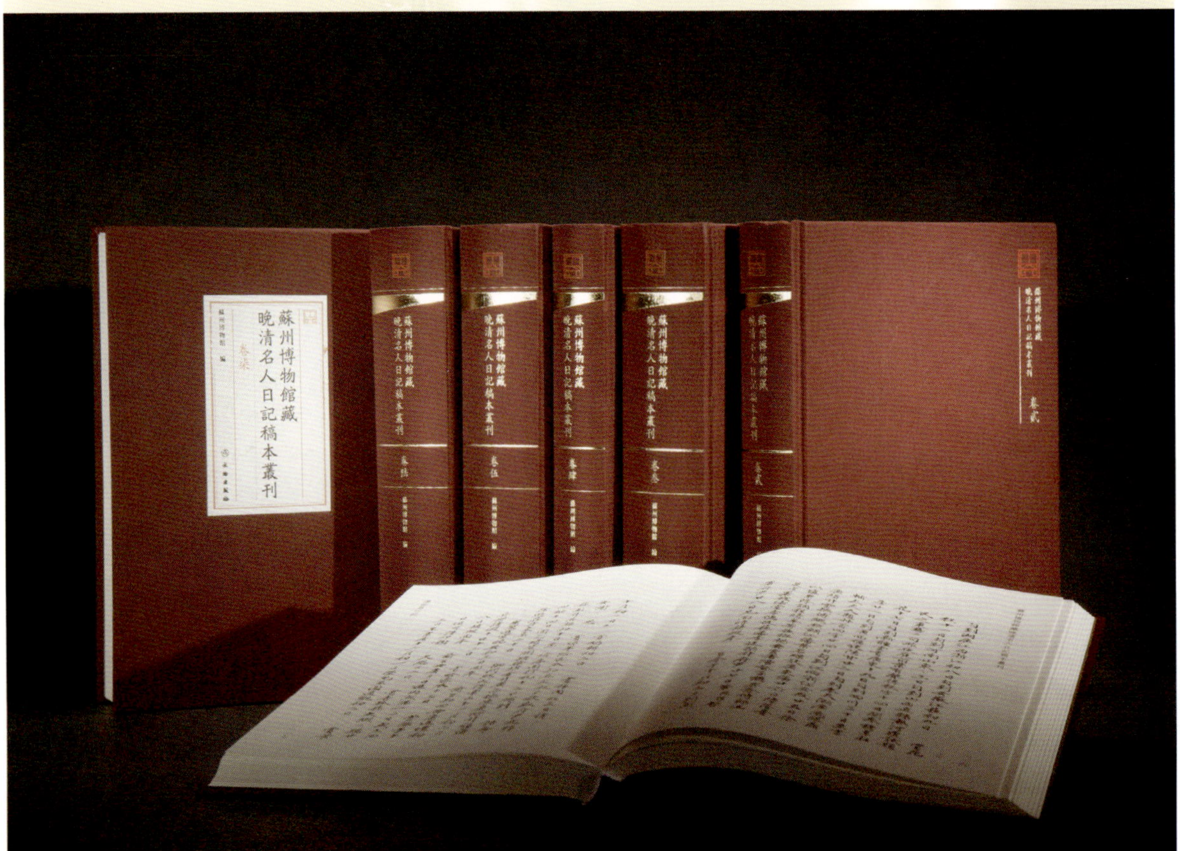

《苏州博物馆藏晚清名人日记稿本丛刊》

《文物》月刊和英文版《中国文物》季刊

《仰观集》《丝绸之路》和《中国重要考古发现》系列丛书

社史沿革

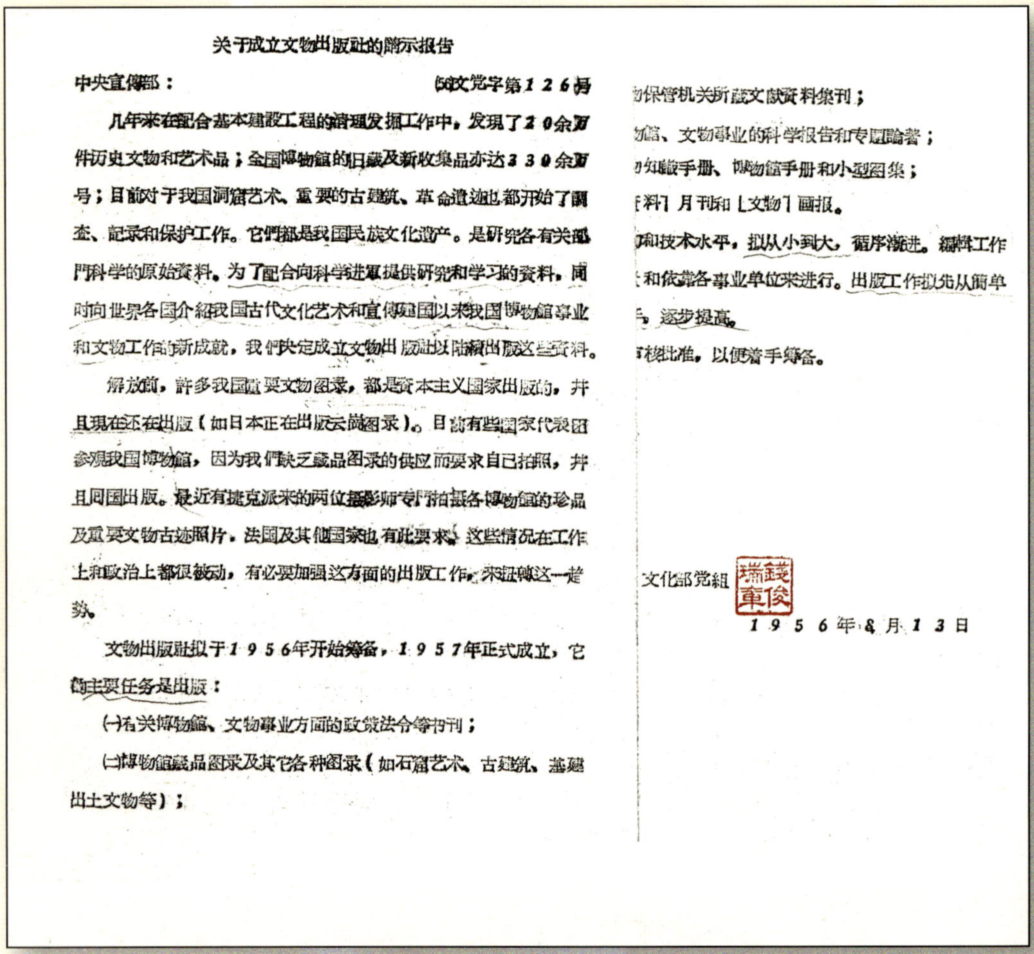

关于成立文物出版社的請示报告

中央宣傳部：　　　　56文党字第126号

几年来在配合基本建設工程的清理发掘工作中，发現了20余万件历史文物和艺术品；全国博物館的旧藏及新收集品亦达330余万号；目前对于我国洞窟艺术、重要的古建筑、革命遺迹也都开始了調查、記录和保护工作。它們都是我国民族文化遺产。是研究各有关部門科学的原始資料。为了配合向科学进軍提供研究和学习的資料，同时向世界各国介紹我国古代文化艺术和宣傳建国以来我国博物館事业和文物工作的新成就，我們决定成立文物出版社以陆續出版这些資料。

解放前，許多我国重要文物图录，都是資本主义国家出版的，并且現在还在出版（如日本正在出版云崗图录）。目前有些国家代表团参观我国博物館，因为我們缺乏藏品图录的供应而要求自己拍照，并且回国出版。最近有捷克派来的两位摄影师专門拍摄各博物館的珍品及重要文物古迹照片。法国及其他国家也有此要求。这些情况在工作上和政治上都很被动，有必要加强这方面的出版工作，来扭轉这一趋勢。

文物出版社拟于1956年开始筹备，1957年正式成立，它的主要任务是出版：

(一)有关博物館、文物事业方面的政策法令等书刊；

(二)博物館藏品图录及其它各种图录（如石窟艺术、古建筑、基建出土文物等）；

物保管机关所藏文献資料集刊；

物館、文物事业的科学报告和专題論著；

物知識手册、博物館手册和小型图集；

資料」月刊和［文物］画报。

和技术水平，拟从小到大，循序漸进。編輯工作

和依靠各事业单位来进行。出版工作拟先从簡单

手，逐步提高。

審核批准，以便着手筹备。

文化部党組　錢俊瑞章

1956年8月13日

1956年，文化部党组致中宣部关于成立文物出版社的请示报告

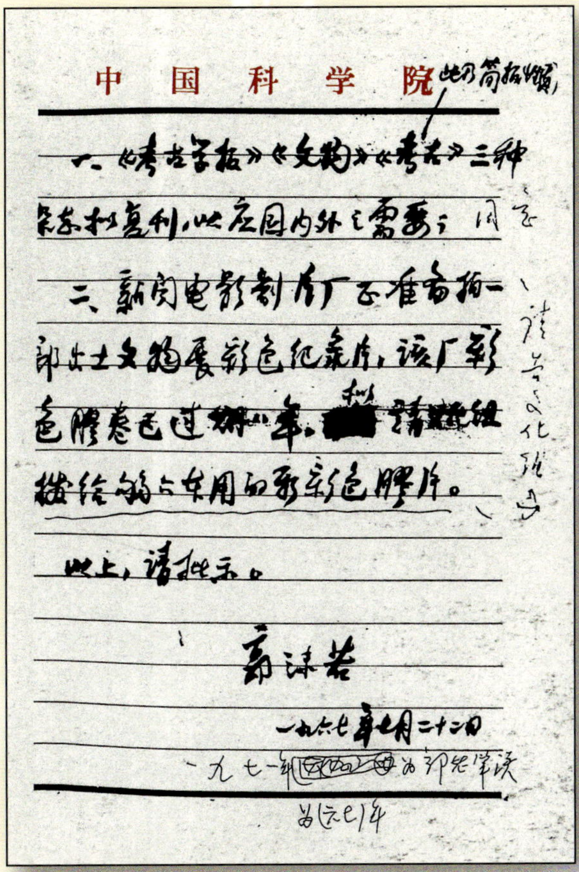

中国科学院

一、《考古学报》《文物》《考古》三种杂志拟复刊，以应国内外之需要；

二、新闻电影制片厂正准备拍一部出土文物展彩色纪录片，该厂彩色胶卷已过期一年，请批准拨给一万六千米的新彩色胶片。

以上，请批示。

郭沫若

一九七一年七月二十二日

1971年7月，郭沫若同志给周总理的请示报告中提到《文物》杂志复刊等问题，周总理亲笔批示同意

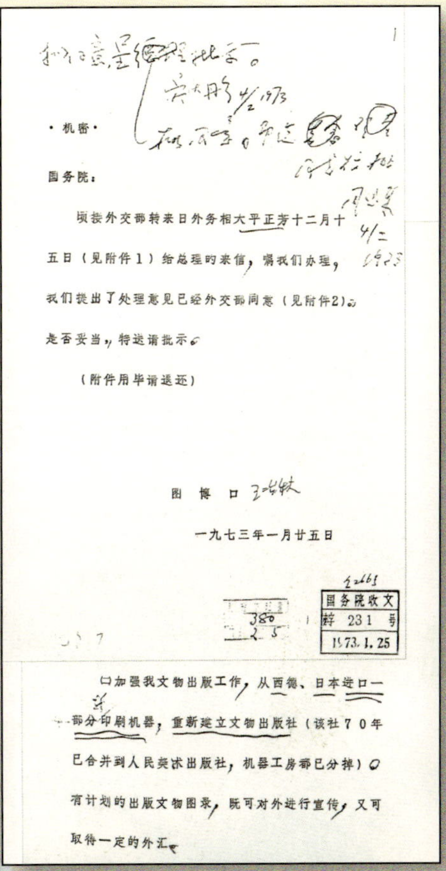

·机密·

国务院：

顷接外交部转来日外务相大平正芳十二月十五日（见附件1）给总理的来信，嘱我们办理，我们提出了处理意见已经外交部同意（见附件2）。是否妥当，特送请批示。

（附件用毕请退还）

图博口

一九七三年一月廿五日

国务院收文 锌 231 号 1973.1.25

㈡加强我文物出版工作，从西德、日本进口一部分印刷机器，重新建立文物出版社（该社70年已合并到人民美术出版社，机器工房都已分掉）。有计划的出版文物图录，既可对外进行宣传，又可取得一定的外汇。

1973年2月，周总理关于重建文物出版社印刷厂的指示

1956年，文物出版社筹备处成立时的办公楼，地址在北京东四头条

故宫博物院西角楼城隍庙，本社曾两度在这里办公，时间共有10年

北京五四大街29号原北京大学红楼，本社在这里办公时间前后共达36年之久

2006年7月28日，在迁出红楼前，全体职工在楼前留影

2006年8月本社迁入北京市东直门内北小街2号楼新址办公

多功能厅

中式会议室

西式会议室

编辑部办公室

图书阅览室

图书资料室书库

数字出版中心机房

数字技术制作中心数字厅

古籍室

健身房

创建文物出版社的先驱者

郑振铎
原文化部副部长、文物出版社编委会主任

王冶秋
原文化部文物管理局局长、《文物》编辑委员会主编

历任社领导

张 珩
1957～1963年
任副总编辑

高履芳
1960年任副社长
1973～1985年
任副社长兼副总编辑

徐 达
1961～1977年
任第一副社长

金冲及
1973年任副总编辑
1981～1982年
任总编辑兼副社长

王仿子
1975～1984年
任社长

胡绳武
1975～1979年
任副总编辑

丁盘石
1975～1979年
任副总编辑

朱 天
1976～1979年
任副总编辑

王代文
1979年任副总编辑
1984～1989年
任总编辑

杨 瑾
1981年任副总编辑
1989～1997年
任社长兼总编辑

俞筱尧
1984～1989年
任副总编辑

朱德元
1989～1992年
任副社长

王醒亚
1991～1992年
任副社长

乔宏立
1991～1994年
任副社长

李中岳
1991～1997年
任副社长、副总编辑

王玉贵
1992～1997年
任副社长

许爱仙
1997～2000年
任副社长、副总编辑

张国生
1997～2003年
任副总编辑

刘颖南
1997～2000年
任党委书记

王良学
2001～2004年
任党委书记、副社长

毛佩琦
2000～2004年
任副社长
2004年
任党委副书记

张全国
2004年
任党委书记兼副社长、法人代表
2009～2012年
任社长

苏士澍
1997～2000年
任副社长
2000～2010年
任社长

葛承雍
2000～2003年
任副总编辑
2005～2015年
任总编辑

李克能
1997～2004年
任总编辑助理
2004～2009年任副总编辑

张昌倬
2004～2012年
任副总编辑

侯菊坤
2010年
任党委书记

谭平
2012～2016年
任副社长

社内机构

文物出版社在职职工合影

文物出版社

文物出版社党委会场景

文物出版社领导班子全体成员：党委书记、社长张自成（左二），党委副书记、总编辑张广然（左四），副社长何洪（左一），副社长周成（左五），副总编辑刘铁巍（左三）

现任社领导

党委书记、社长张自成

党委副书记、总编辑张广然

党委委员、副社长何洪

党委委员、副社长周成

副总编辑刘铁巍

综合办公室

综合办公室是上传下达的职能部门，是协调各部门之间工作的重要纽带。

其职能概括为：协助社领导抓好干部职工的思想政治教育、党风廉政建设，起草党委及全社党务纪检文件，协调信访、保密、老干部工作；拟订各项规章制度，负责日常行政工作的组织、督促、检查和制度的贯彻执行，招聘员工和组织人才梯队配训工作，办理职工的任免、调动、晋升、退休手续以及劳动合同、奖惩、人事管理、年度考核、工资调整的核定及统计上报工作，按照考勤制度组织考勤并保存考勤资料。负责上级及有关部门来往客人的接待、安排等工作，并为全社各部门提供及时有效的行政服务。

综合办公室现有工作人员8人，其中主任1人，副主任2人，科长4人，主任科员1人。

文秘科：负责全社各类文件的收发、交换、传阅和归档管理，负责全社党政印章、营业执照的管理使用及群众来信来访等工作。

总务科：负责全社固定资产的登记和管理，办公材料、用品的购置，电脑、打印机、传真机、复印机等耗材的采购发放管理工作，并负责全社车辆的管理使用、维修和保养等工作。

老干部科：负责离退休老干部的日常管理、医药费审核等服务工作。

左起：王健祥、马俊华、王士全、刘昱、柯增升、张志博、孟煜、王艳芳

整理文件夹

讨论部门工作

总编室

总编室是具有综合性特点的业务管理职能部门，既有承上启下、协调左右、内外联系的纽带作用，又有传递信息、研究政策、提供领导决策的参谋和助手作用，其职能可概括为“组织、管理、协调、服务、执行、参谋”六个方面。总编室作为编辑业务管理机构和社长、总编辑的办事机构，负责全社的选题管理、发稿管理、书号管理、版权贸易、宣传评奖、美术设计、校对等业务方面的工作。主要业务由编务、校对、美编三大块组成。总编室共有工作人员12人，其中副编审4人，编辑3人，助理编辑5人。

编务：主要负责组织选题论证和管理工作；负责发稿计划制定，检查计划落实情况；负责书刊条码制作、书号管理及样书管理；负责图书出版质量检查工作；协助社领导协调编辑与出版、发行各环节的工作；组织图书中长期规划、出版资助和评奖的申报工作；负责图书招投标项目相关工作；负责书稿档案管理工作；负责相关外事活动等。

美编：负责全社图书的装帧设计、展览展示场景的布置等。特别是在文物类图书的设计方面积累了丰富的经验，形成了自己独特的风格。

校对：拥有自己的校对队伍，其中具有高级职称的校对人员4人，一级校对1人。在文博类专业图书的校对方面有着较强的实力，且多次在图书质量评比中取得优异成绩。

左起：王海东、张帆、王文娴、孙蕾、李薇、高梦甜、张冬妮、陈婧、赵宁、安艳娇、马晓雪、程星涛

美编科合影

校对科工作现场

资产财务部

资产财务部在出版社法人的直接领导下展开工作，具有管理职能、核算职能、监督职能：负责贯彻执行国家颁布的《会计法》，严格遵守《企业会计准则》《企业会计制度》及财务规章制度、会计法规和相关的制度规定，依法管理全社的财务工作；负责全社的财务预算和决算，资产的有效运营，财务日常收支核算、费用控制，政府采购，固定资产的财务管理，单位纳税管理，职工社保资金的核算及住房公积金的缴存和管理，负责编制报送上级单位及税务等部门有关财务报表，及时准确地记录和反映本社的经营活动和财务收支状况；正确处理好国家、本社、个人三者之间的经济关系，依法合理地筹划税收、增收节支，搞好资产财务部内部控制等工作，监督本社各项财务活动、考核各项经济成果，保证国有资产保值增值和本单位资金的安全运行。

资产财务部下设财务管理科和资产管理科，共有员工7人。在社党委和社领导班子的领导下，经过全体财会人员的共同努力，本社的财务管理信息水平正在逐步提高。建立了财务和业务一体化的信息处理系统，从而大大提高了产品成本、费用核算的科学性、准确性、完整性，财务管理正在逐步完善，实现了财务、业务信息一次性处理和共享。资产财务部的全体员工秉持“热心服务、精心理财、实事求是、公正客观”的服务宗旨，以高昂的工作热情为文物出版社的改革和发展做出自己的贡献。

前排左起：何春远、廖群宝，后排左起：邵彬、杜兰、孟庆松、曹妍、尹达

核对财务凭证

整理财务账目

考古图书编辑中心

考古图书编辑中心现有编辑7人，其中编审3人，副编审1人。

主要承担考古发掘报告、出土文献、文物考古论著、教材、工具书、文物图录及普及读物的出版任务。编辑出版的图书具有较高的学术品味，为出版界、学术界认可。历年出版的各类图书获国家图书奖、全国古籍整理优秀图书奖、全国科技史优秀图书奖、全国优秀美术图书奖及省级社科优秀成果奖等100余项。随着文物考古事业的繁荣发展，考古报告的出版进入黄金期。考古图书中心出版了《中国考古学年鉴》30卷（1984～2013）和大量的考古发掘报告。在2006年第四届“夏鼐考古学研究成果奖”的评选中，《桂林甑皮岩》《盘龙城》《河姆渡》《郑州商城》《西汉礼制建筑遗址》5种图书获奖。获奖数量居各出版社之首。近年的《澧县城头山——新石器时代遗址发掘报告》《牛河梁——红山文化遗址发掘报告（1983～2003年度）》《凌家滩——田野考古发掘报告之一》《襄汾陶寺——1978～1985年考古发掘报告》《二里头——1999～2006》《北燕冯素弗墓》《明蓟镇长城——1981～1987年考古报告》更是佳惠学人，为人所乐道。《二里头》《襄汾陶寺》更获评中国社会科学院2014年度和2015年度创新工程重大人文基础研究成果。同时，还出版了一系列具有国际水平的专题和综合性研究论著，如《中国造纸技术史稿》《中国陶瓷史》《新中国的考古发现和研究》《中国文明的起源》《考古学文化论集》《苏秉琦考古学论述选集》《唐宋时期的雕版印刷》《藏传佛教寺院考古》《中国古舆服论丛》《历史的考古与探索》《东周与秦代文明》《高昌史稿》《美的历程》《中国汉唐考古学九讲》等，为我国物质文明史、历史学及考古学研究领域增添光彩。

从20世纪70年代开始，出土文献的整理出版成为编辑部的一项重要任务。先后整理出版了《银雀山汉墓竹简》《吐鲁番出土文书》《包山楚简》《郭店楚墓竹简》《里耶秦简》《张家山汉墓竹简》《长沙走马楼三国吴简》《吐鲁番柏孜克里克石窟出土汉文佛教典籍》《新中国出土墓志》，以及“秦汉魏晋出土文献”系列丛书，深受海内外学人的瞩目。编辑部还运用传统木板刷印工艺、珂罗版工艺、石印工艺印制了大量书籍，如《乾隆版大藏经》《嘉业堂丛书》《吴兴丛书》《中国版刻图录》《中国金石集萃》等，其中木板刷印《乾隆版大藏经》更是工程浩大，印制精良。获首届“国家图书奖荣誉奖”。2013年，编辑部出版的《吐鲁番出土文书》《新中国出土墓志》《中国版刻图录》《髹饰录解说》入选国家新闻出版广电总局“首届向全国推荐优秀古籍整理图书目录”。

左起：张若衡、杨新改、刘昶、谷艳雪、黄曲、蔡敏、陈春婷

参观云居寺雷音洞3D测绘工地

讨论考古书稿

艺术图书编辑中心

文物出版社艺术图书中心成立于2012年，由我社原来三、四、五、六编辑部重新组合而成，也是我社目前人员最多的编辑中心，现有在职编辑12人，返聘1人。其中编审4人，副编审2人，编辑1人，助理编辑4人，实习编辑2人。

艺术图书中心是一支承继着深厚文化传统和专业底蕴、具有开拓精神和创新意识的和谐团队，在编辑出版文化遗产、传统艺术方面具有特色优势和专业实力，多年来出版了一系列有代表性的精品图书，逐步形成了文博考古、文物图录、金石书画、学术文集、艺术考古、文物鉴藏等颇具特色的图书出版板块，其中由中心编辑担任责任编辑的《中国法书全集》《北平研究院北平庙宇调查资料汇编》《成都出土历代墓铭券文图录综释》《开成石经》《袁氏藏明清名人尺牍》等数十种图书先后获得中国出版政府奖等各种国家级图书奖项。

《书法丛刊》自1981年创刊以来，以刊发博物馆藏品和考古新资料为特色，以资料性、学术性在业界享有良好声誉，荣获了第二届中国书法兰亭奖编辑出版奖。由《书法丛刊》编辑部发起，文物出版社主办的“中国书法史论国际研讨会”已举办9届，“全国碑帖学术研讨会”已举办3届。

近年来艺术图书中心编辑人员结构发生了很大变化。年轻的编辑正逐步成长为部门的重要力量。2016年，在社领导的支持下，艺术图书中心以年轻编辑为主体，启动了考古新视野丛书青年学人出版扶助计划。年轻的编辑团队不仅使编辑部充满了活力和新的探索，他们也将成为新阶段出版工作的亮点。

艺术图书中心以传承文明、传播艺术、积累学术为理想，以开掘、共享、普及文化文物精髓为己任，将社会效益置于首位，坚持出版特色，出好书、创品牌、立精品。

前排左起：谷雨、李飏、张玮、冯冬梅、王伟、周燕林，后排左起：智朴、张朔婷、赵磊、陈博洋、徐旸、曲靖

选题论证会

年轻编辑观摩文物图片

人文图书编辑中心

文物出版社人文图书中心成立于2011年，现有在职编辑五人，是一支专业化程度高、精通编辑出版业务的编辑出版团队。副编审3人，编辑2人，其中博士学历2人，硕士学历3人。

人文图书中心是2011年文物出版社转企改制后新成立部门，成立伊始，以编辑出版高品质的中国优秀传统文化遗产为己任，本着团结拼搏、求真务实、开拓创新的团队精神，经过数年的不懈努力，编辑出版了一系列有代表性的精品图书，逐步形成了人文普及类、文物普及类、文物图录类、文物政策法规类、文史研究文集等颇具人文特色的图书出版类型。

由人文图书中心编辑出版的《中国法书全集·魏晋南北朝卷》获得中国出版政府图书奖；《草原金石录》荣获全国优秀古籍图书奖一等奖，《唐大明宫史料》《开宝遗珍》《闻宥落照堂藏青铜器拓本》获得优秀古籍图书二等奖；《髹漆家具》获得全国文化遗产优秀图书奖一等奖和《宋伯胤》（民族调查卷）、《海峡两岸及港澳地区建筑遗产再利用研讨会论文集及案列汇编》《让文物活起来：文物合理利用经验集萃》《第一次全国可移动文物普查工作手册（修订版）》《柬埔寨吴哥古迹茶胶寺考古报告》获得全国文化遗产十佳图书优秀奖；《晋祠文化遗产全书》获评第25届“金牛杯”铜奖。

本中心承担了《中国文物志》（2014～2019）的编辑出版任务，其编纂工作已纳入国家文物事业发展“十三五”规划和国家文物局年度重点工作。

人文图书中心立足于保护、继承和弘扬我国优秀的历史文化遗产，坚持以图书的高品位、高质量赢得读者的信赖，为文物出版社创造一流出版社品牌，作出更大的贡献。

左起：胡奥千、孙霞、王媛、张晓曦、许海意

观摩新出版图书

化装参观北京新文化运动纪念馆

科技保护图书编辑中心

随着文物事业的发展，文物保护、管理和利用水平不断提高，文物科技类图书的出版需求持续稳定增长，呈现出多元化的发展趋势。2013年3月出版社抽调第二图书编辑中心部分编辑，组建科技保护图书中心。中心现有编辑6人，其中编审3人，副编审1人，编辑1人，助理编辑1人，编辑力量专业性强，年龄梯次配备合理。中心主任王戈，副主任李睿。

延续编辑出版石窟、遗址及古建筑的维修、保护、调查报告的传统，中心出版图书多角度、多层面涵盖文物保护修复技术、文物科技研究、文物建筑测量与维修等方面内容，陆续推出《博物馆文物保护技术手册》《中华人民共和国文物保护行业标准》《长江三峡工程文物保护项目报告》《中国文物地图集》等系列图书。中心工作重心着眼于文物保护新技术、新方法、新理念的推广，以单体研究视角，全方位展示其在该领域的重要作用，相继出版《秦始皇帝陵出土二号青铜马车》《扎滚鲁克纺织品珍宝》《佛光寺东大殿建筑勘察研究报告》《茶胶寺修复工程研究报告》《中国古代石灰类材料研究》等图书。同时，中心还积极开展对外合作，与瑞士阿贝格基金会联合出版以中国考古发掘纺织珍品为主题的系列图书，尝试将中国古代文化遗产置于国际语境中解读，使其更具国际影响力。中心出版图书荣获2012年优秀地图作品裴秀奖铜奖，第1届中国建筑图书奖“向全国图书馆推荐书目”，第66届美国印制大奖优秀奖艺术书等多个奖项。

左起：王戈、吕游、李睿、宋丹、陈峰、窦旭耀

观摩新出版图书

参观图书博览会

古籍图书编辑中心

古籍图书出版是文物出版社传统优势，保存有珂罗版、铜版、雕版印刷等传统印制工艺，出版的古籍图书以权威性和高质量享誉全国，像《乾隆版大藏经》荣获首届国家图书奖荣誉奖，有些还作为国礼赠送给外国友人。

古籍图书编辑中心自2014年5月成立以来，在继承文物出版社古籍图书出版优良传统的基础上，拓展选题品种，丰富出版内容，强化图书质量，提升装帧设计，全心致力于古代典籍与历史文献的整理与出版，让珍稀古籍走出深阁大库，为往圣续绝学，使中华文明的火种普世相传，嘉惠学林。

古籍图书编辑中心坚持优良传统，坚持不断创新，开发出“龙鳞装”“经龙装”等装帧形式的特色图书，并以可靠的出版质量赢得了作者和读者的高度信任和青睐。出版的系列图书有古籍善本再造“珍稀古籍丛刊”“中国佛教珍本丛刊”“稀见笔记丛刊”“中国唐卡文化研究丛书”以及“花笺系列”等。有《陈簠斋彝器全形拓精选（一）》《中国唐卡文化研究丛书》《经龙装苏士澍篆书〈心经〉》等图书荣获全国优秀古籍图书奖、全国优秀美术图书“金牛杯”等奖项，树立了良好的品牌形象。

古籍图书中心目前共有编辑人员6人，其中编审2人，副编审1人，编辑2人，助理编辑1人。编辑中心主任李缙云，副主任贾东营。

左起：贾东营、刘永海、刘良函、秦彧、李缙云、李子裔

观摩新书

扫描古籍图书

《文物》月刊编辑部

《文物》月刊编辑部现有工作人员5人，其中编审1人、副编审1人、编辑3人，另有返聘编审1人。编辑部主任王霞，副主任杨冠华。

《文物》月刊的前身为《文物参考资料》，1950年1月30日创刊，1959年更名《文物》，除“文革”期间被迫停刊5年（1967～1971年）外，至今已出刊730余期。

《文物》月刊由国家文物局主管，文物出版社主办，是学术性与资料性并重的专业性刊物。多年来，通过及时报道文物、考古新发现、新资料，密切跟踪最新学术研究成果，组织重大课题的学术讨论，成为宣传我国文物、考古事业的主要窗口，是全国有影响的重点学术期刊，也是我国在海外发行量较大的中文期刊。

20世纪70年代后期，为满足大量文物、考古资料和研究成果发表的需要，《文物》月刊编辑部编辑出版了《文物资料丛刊》1～10辑，《文物丛刊》1～3辑。自2013年开始，《文物》月刊编辑部与美国东方瞭望出版社合作出版《文物》英文版。21世纪初以来，《文物》月刊编辑部还编辑出版了部分有影响的考古发掘报告、学术研究文集和彩色图录等。国家文物局主编并由《文物》月刊编辑部编辑的中国田野考古年度快报《中国重要考古发现》自1998年延续至今，对于及时、有效地向国内外通报和宣传我国文物、考古领域的最新重要考古发现和研究成果起到了积极的作用。

近10年中，《文物》月刊获得的荣誉主要有：2009年，被中国期刊协会、中国出版科学研究所评为“新中国60年有影响力的期刊”；2013年7月，被国家新闻出版广电总局推荐为“百强报刊”；2013年，在第三届中国出版政府奖期刊奖评选中荣获期刊奖提名奖；2013～2016年，均被中国学术期刊（光盘版）电子杂志社有限公司、清华大学图书馆、中国学术文献国际评价研究中心评为“中国最具国际影响力学术期刊”。

《文物》月刊编辑部的全体同仁感谢广大作者和读者长期以来的支持和帮助，我们继续积极进取，共同为《文物》月刊的发展而努力。

左起：程星涛、王霞、戴茜、周艳明、吴然、杨冠华

交流编辑心得

2015年3月部门全体成员在安徽交流学习

数字出版中心

文物出版社数字出版中心成立于2015年5月，主要负责电子书、数据库等数字产品的开发、加工制作、管理和发布销售等，负责“两网一微一库”的日常运维，即文物出版社官网、中国文物出版传媒网、文物出版社官方微信、文物出版社数字资源库。现有人员5人，主任肖大贵。

数字出版中心拥有80平方米独立的自建机房，有先进的硬件设备，有专线宽带接入，有完善的数字资源加工系统、资源管理系统、资源发布系统和多媒体电子书制作系统。

数字资源加工系统，可以将纸书通过扫描、文字识别、转换成双层PDF文件、碎片化加工等工序制作成标准电子书，进行入库管理和对外发布销售。

文物出版社数字资源管理系统，是我社数字资源库的管理平台，目前已入库图书电子数据2000多种、图片40多万张以及音视频数据等等，入库资源在不断丰富中，可供查阅和发布。平台已与ERP及发行专家系统对接，可以实现资源共享，ERP系统的图书信息可以同步更新到资源管理平台，发布平台可以实时读取图书库存。

资源发布系统，“中国文物出版传媒网”是我社数字产品的发布窗口，共12个栏目45个细览页，包括在线商城、专题库、文物图片库、书法、绘画、文博档案、文物发现地图、文创产品、互动社区等。可以通过这个平台，发布我们的产品信息，平台包含电子商务，可在线销售纸书、电子书、文创产品等，读者可以通过我们的平台进行网上查询和在线支付购买产品。

数字化编辑出版系统，是数字出版编辑制作平台，作者来稿可以通过这个系统用word文档和图片、视频、音频等制作成多媒体电子书。

文物出版社官方网站，是我社品牌形象推广、信息政策公开、新闻发布、产品信息、传播企业文化的主要窗口，即时更新公告、书讯、动态、新闻等等。

文物出版社官方微信，是我社通过移动端与作者和读者沟通交流的重要手段，扫一扫关注我们可以即时了解我社出版动态、新书、活动等。

左起：彭家宇、唐斌、肖大贵、李轩

拥有专门的自建机房

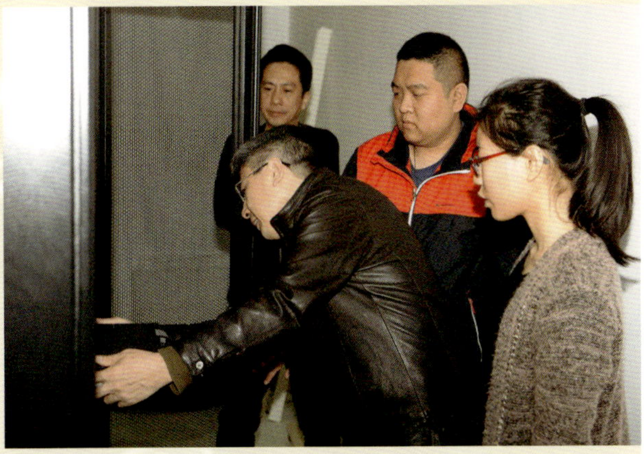

调试数字出版设备

数字技术制作中心

数字技术制作中心成立于2014年5月，先后承担《中国文化遗产多媒体资源库》增量配套工程建设、国家文物局《文物3D影音系统》项目和《中国文化遗产多功能视讯云平台》项目的建设。

现部门具有数字虚拟合成系统、4K超高清影音制作系统、三维数据扫描系统、虚拟演播室制作系统以及多讯道录制系统。

数字技术制作中心两年内，完成各类数字化内容300多部，其中：

1、数字视音频内容制作：260部

2、动画短片：4部

3、在线教育课程制作：47集

4、虚拟现实与三维交互内容制作：1套

5、全媒体普法栏目制作：9期

6、移动端虚拟现实内容制作（VR）：1部

7、交互式触摸展示系统内容设计制作：1套

8、数字化文物的数据采集与制作：50件

9、全媒体内容制作出版：5部

9、3D立体视音频制作：1部

10、4K故事短片1部

11、完成文物数字化保护项目1个

演播室工作人员合影

演播室

视音频录制控制系统

文物复制中心

文物出版社文物复制中心正式成立于2005年，其主要工作是利用现代数字技术对中国古代书画进行精确的复制。现有工作人员3人，其中副编审2人。

2000年时，文物出版社在继承传统的基础上，率先在国内开始了利用现代高科技数字技术进行中国古代书画复制工作的尝试，经过六年多的刻苦钻研与技术开发，利用现代高科技数字技术复制中国古代书画工作获得成功。到2016年底，文物复制中心共为近百家博物馆、档案馆等收藏单位及个人收藏家复制各种书画作品及档案资料1000余种。文物出版社文物复制中心不仅拥有先进的设备与技术，还开发了专用的复制材料。复制的书画，无论材料还是色彩都能忠实地再现原作的风貌，有些复制品已达到乱真的程度，即使专业鉴定人员也难辨真伪。除此之外，这些复制品还具有耐光、耐水并适于装裱和长期保存的特性，在许多重要的指标上都大大超过了传统的复制方法。文物复制中心的复制水平与技术不仅得到了书画界及文博界的一致肯定，而且也获得了国内外同行很高的评价。

文物出版社的书画复制工作受到了政府和社会各界的广泛关注与支持。启功先生生前曾高度评价过文物出版社的文物复制工作，称之为“功德无量”。2003年，经国家文物局批准，文物出版社正式启动了“抢救性国宝级书画复制”项目。这是目前国内唯一获得政府部门批准和国家财政支持的古书画复制项目。

文物出版社的古书画复制工作以保护和传播中国古代文化为目的，作品以满足文博单位及专业院校展览、收藏和研究为主，兼顾普通市场需求。从2017年起，文物复制中心在做好书画复制的基础上，已逐步涉足文创产品开发业务，力争更好地传承和弘扬传统文化。

左起：田明、许华卉、欧阳爱国

交流文物复制心得

研讨文创产品的开发

出版中心

出版中心负责本社图书的纸张采购及图书的排版、制版、印刷、装订等生产环节的管理与核算工作。现有责任印制5人，其中具有高级职称人员3人，具有中级职称人员2人。主任苏林，副主任张道奇。

出版中心的工作是图书生产流程的重要环节之一，一本优秀图书的出版，不仅有赖于作者、编辑的创造性劳动，也需要出版中心合理安排、把握好生产流程。良好的出版业绩应是编、印、发工作人员相互支持、通力协作的结果。

文物版图书开本多样，制作考究，工艺复杂。印刷工艺方面有胶印、木版刷印、木版水印、珂罗版印刷以及数字印刷等，装订有精装、平装、龙鳞装、蝴蝶装、经折装、线装等。在印制工作中不放过任何一个细节，才能把握图书的印制质量和出版周期。出版中心工作人员具有系统、扎实的出版专业知识和相关的理论文化知识。能动态了解和掌握国内外出版印刷行业设备、技术、工艺、材料的现状和发展趋势。出版管理人员同时具有过硬的思想素质和良好的职业道德，在出版工作中能主动、积极地为编辑和发行人员做好服务工作，还能在与印刷厂合作过程中互相尊重、以诚相待，明确责任，做好图书出版的分工与协作。

出版中心负责印制的图书多次在国际国内荣获图书印制大奖，如《外家纪闻：启功先生外祖家的事》获得北京质量协会印刷分会图书优质品一等品，《中国记忆——五千年文明瑰宝》获得2009年度“世界最美的书”荣誉奖和第20届香港印制大奖，《太仓文物精华》获得2009年第二届中华印刷大奖铜奖，《秦始皇帝陵》获第61届美国印制大奖“班尼金奖”。

出版中心的各位同志将一如既往在出版工作中稳中求进，求真务实，开拓进取，树立正气，为我社出版事业发展做出贡献。

左起：苏林、张丽、张道奇、陈杰、梁秋卉

研讨印制工作心得

责任印制工作照

发行中心

发行中心负责文物出版社全部图书的批发业务，现有工作人员17人，主任赵福扬、副主任王建中。

发行中心按地域划分全国发行网点，实行分片包干责任制，便于回款和部门管理。销售渠道在全国划分为五个区域：北京片区，地面店由姚晶、张尧负责，网店由梁昱负责；北方片区，王凯、尚玮负责；西部片区，谢林、赵倩负责；华东片区，田旭、何淑玲、陈亮负责；东南片区，张玲莉、李斌负责。另设综合部（白爱民、刘强），负责部门整体的内部工作。张有为同志2016年借调到国家文物局机关工作，其工作由尚玮同志接替。

发行中心充分发挥业务人员的工作能力，鼓励积极思考，开展灵活机动的销售方式。为便于社领导和编辑部及时准确了解我社图书进销存，掌控图书销售情况，提高发行业务人员工作效率，2013年发行中心更换了新的办公系统软件。

发行中心拥有成熟的市场营销渠道，销售范围覆盖全国各地的省市新华书店以及适宜销售相关图书的民营书店。现在我社图书在各省市较大博物馆均有销售卖场，方便了文博图书爱好者阅读和选购。通过中国国际图书贸易总公司、北京珍本国际贸易有限公司，我社图书走出国门销往北美洲、欧洲、澳洲、日本和韩国，深受国内外专家和读者的好评。

前排左起：王建中、白爱民、赵福扬、张玲莉、尚玮
后排左起：赵傅、刘强、张尧、梁星、姚晶、王凯、田旭、李斌、陈亮、谢林

发行中心工作会议

发行中心工作场景

经营服务中心（博文物业）

经营服务中心（博文物业）是文物出版社党委领导下负责文物出版社办公楼的物业管理、安全保卫、食堂经营和房屋租赁等事宜的非业务综合性职能部门。

经营服务中心下设安全保卫科、房屋管理科和后勤管理科，现有正式职工5人，临时工13人。主任为陆联，副主任为刘玉清。

安全保卫科：主要负责本社传达室门卫工作，停车场日常管理及保安管理工作，办公大楼的防火、防盗及消防安全，以及一切和安全相关的的工作。

房屋管理科：主要负责办公大楼的日常管理工作，我社职工宿舍、集体宿舍及本社产权下所有房屋的维修、保养等日常管理，办公大楼的空调、锅炉正常运行的管理，我社所有办公室的日常维修工作，负责维修改造工程的项目申报、管理和验收工作，对外出租房屋等工作。

后勤管理科：主要负责本社职工食堂日常经营、维护管理工作，办公大楼楼道、卫生间的清洁工作，博文物业财务工作，领导交办的其他工作。

经营服务中心以全心全意服务全社职工为宗旨，努力搞好后勤保障工作。中心成立以来的十多年间，在自有房产管理、房屋租赁、安全消防、职工食堂服务和暖通等基建工程中做了大量卓有成效的工作，受到社内职工和上级组织的好评，获得中央国家机关综治办2015年平安建设优秀单位称号。

前排左起：刘玉清、陆联　后排左起：乔梦齐、李凯、崔浩

文物出版社食堂

文物出版社停车场

资料摄影信息中心

资料摄影信息中心包括图书资料、图片资料、摄影、精品数据库、对外提供照片和网络通讯管理等6个业务部门。资料摄影信息中心现有在编人员9人，其中有编审1人、副编审2人、中级职称5人、主任科员1人。主任刘小放，副主任王启志。

本社藏有图书近5万册，包括《百衲本二十四史》等珍贵版本及大量文物考古类出版物，相当于一个中等院校图书馆的藏书量。2010年，建设启用图书资料数据管理库系统，实现了我社图书信息化管理。建社60年来经过几代人的努力，我社积累保存和管理着约50余万张的胶片资料，还有10余万张的数码资料以及2000余种图片的出版资料，这些都是文物出版社编辑、出版的重要资源，也是文物出版社自成立以来保存下来的珍贵财富。

为了胶片资料的“益寿延年”，也是顺应时代的要求，文物出版社自2000年开始胶片的数字化工作，已数字化胶片资料5万余张，建立起文物出版社自已的图片精品数据库。目前这套数据库正日益发挥着作用，如《中国古玉器图典》、《中国绘画全集》（30卷）……在这些出版社乃至国家出版项目中担负着提供图片的重要角色。

建社60年来，摄影部前后有近二十位摄影师在社工作，为我社近万种图书杂志拍摄珍贵文物图片约25万张。他们中许多人都是国内享有很高声誉文物摄影专家，他们的出色工作使文物出版社图书的图版质量始终保持国内外一流水准。2009年，摄影部全面进入数字摄影时代，短短几年间已拍摄数字图片近10万张。摄影部现有三名摄影师，专业数码摄影设备几十件套，保证了全社图书出版的摄影任务的完成。

网络通讯管理部门负责本社在用服务器、电脑、打印机等200余台设备、200多部程控电话的正常运行和维护，网络、通讯机房配置了千兆级核心路由器、交换机，部署了专业认证级的防火墙、防毒墙，对外互联网已经升级为50M的独享光纤宽带，局域网和互联网的应用极大地改善了本社的网络办公自动化条件。网络部门平时还保障我社图书、图片资料管理系统和内网应用服务器的运维和升级，2013年8月协助开通部署了我社的ERP出版管理系统，作为系统用户权限管理部门，协同编辑、出版、发行、财务各部门的业务流、数据流，合理配置优化资源，构建了我社新型的业务管理体系，提高了我社整体图书出版的工作效率和市场应变竞争能力。

左起：王伟、王启志、张晓悟、王扬、刘小放、田莉萍、崔华、王哲、宋朝

整理图书

整理图片资料卡片

储运部

储运部是负责图书及其他物资的收、存、发的的服务管理部门。其职能：一是按图书发行计划接收产品入库，并对入库产品认真清点、验收。二是加强仓储管理，保持库容整洁、货物摆放合理，做到账、卡、物一致。三是根据发货计划合理组织发货，保证交付图书的交付质量。四是负责包装箱的需求计划编制及采购和管理工作。五是负责退库产品的接收、管理工作。六是负责库区的安全保卫工作，严防库存物资受损被盗。主要业务由系统、仓储、物流3大块组成。储运部现有人员13人，其中管理人员2人，临时用工人员11人。

系统：主要负责数据的接收、处理及货运跟踪。接收新书和发书信息，退书录入、发书回告；整理各类数据并传给发行中心；负责在途图书跟踪和到货查询，为我社各部门提供图书库存情况的查询服务。

仓储：主要负责收货、理货、发货。对入库的新书和其他物资以及退货进行验货入库；负责对在库图书及其他物资实行分类别和期效管理，采取“六防”措施，保证储存安全；定期调垛倒垛，提高仓储能力；根据系统接收的发货通知进行提货、复核、制单、打包、复验出库。

物流：主要负责按单配送。按照运送管理的要求，以安全、及时、准确、经济为原则。选择安排适宜的运输方式和运输线路，将图书运达到指定地点。发往本埠图书由部门司机按照北京市内发书计划，送货上门。发往外埠的图书，委托专业图书物流公司配送，送货上门。

储运部工作人员合影

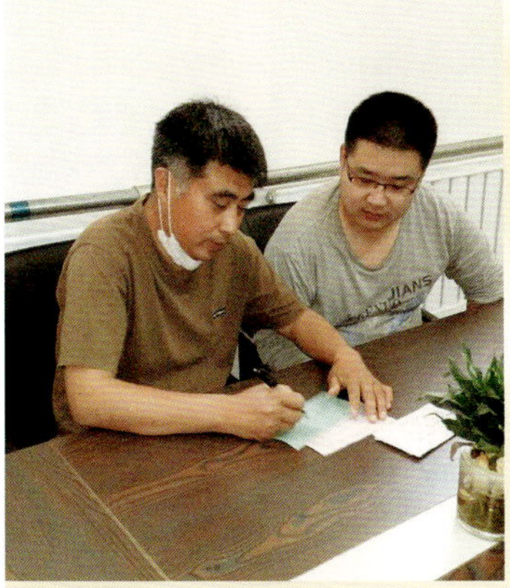

管理人员讨论工作

书库工作人员在整理图书

北京博文书社

北京博文书社成立于1987年，原名文物出版社读者服务部，是文物出版社唯一直属书店，书店在全面展示文物出版社历年出版成果的同时，兼营全国出版社书籍。经营品种包括考古报告、文物展览图录、古籍文献，典藏艺术，收藏鉴赏五大类图书。随着目标市场的不断扩大，为满足读者对专业书籍的需求，北京博文书社与全国文博单位加强合作，不断丰富专业图书品种，已成为国内文物考古图书品种最全的专业书店。

北京博文书社拥有经验丰富的采购团队，可对全国各出版社单位进行集中采购，更具特色的是对合作出版物、市场稀缺出版物的采购。可以优先或者独家采到市场稀缺图书资料。协助图书馆丰富馆藏图书品种，提升馆藏图书的品质。

北京博文书社在方志、年鉴采购方面以品种全、供书速度快等优势，完全可以满足图书馆在此方面的图书补缺与增新工作。

目前，北京博文书社正在与国内多家出版社合作，开展联合发行业务，如与新疆美术摄影出版社联合发行《西域文物考古全集》，北京博文书社为此套图书的首发渠道，现已为多家研究单位收藏。

除此，北京博文书社依托海外优质供货商，可为国内各大图书馆、院校、研究机构提供进口原版图书馆配业务。

北京博文书社现已建立了门市书店、网络书店、机构服务三位一体的销售格局，在经营中突出特色服务。在服务于大众读者的同时，与多家大学、研究机构、图书馆、博物馆、考古所等相关文博单位建立了长期稳定的合作关系，并得到一致好评。

北京博文书社依托文物出版社强有力的平台支撑，在供货品种，采配货时效上可以做到国内领先。书目涵盖内容广泛，新书发布速度快，可以为图书馆提供更具品质的综合服务。

博文书社工作人员合影

东城沙滩红楼读者服务部

东直门北小街读者服务部

文物出版社印刷厂

文物出版社印刷厂是以制作、印刷文物考古类文化遗产图书为主的专业化印刷企业。原为故宫印刷厂，创建于1931年。当时厂址坐落在故宫博物院内西角楼。1953年5月，文化部社会文化事业管理局局长郑振铎从上海聘请了三色版制版专家鹿文波先生来京工作，并出资收购了鹿先生开文制版的设备，组建了故宫博物院印刷厂。

1957年，文物出版社成立，该厂划归文物出版社，正式更名为文物出版社印刷厂。对内为文物出版社生产科，对外称文物出版社印刷厂，主要是用三色版技术印制精品画册和仿制手卷。20世纪50～60年代，文物出版社印刷厂用三色铜版技术印刷的画册和用珂罗版工艺复制的《故宫博物院藏·花鸟画》《中国瓷器》《故宫博物馆藏·法书选集》《两宋名画》及国宝级字画等一批产品，受到文物界、考古界和文物局专家学者的高度好评。部分图录、画册分别经周恩来总理、陈毅副总理等国家领导人作为国礼赠送给了外国元首和国际友人。文物出版社印刷厂的珂罗版印刷工艺为文物字画和博物馆馆藏品的复制做出了重大贡献。

1971年，文物印刷厂被合并到人民美术出版社印刷厂，1973年经周恩来总理批示，选址在北京市西城区西黄城根北街21号重新建厂，厂房占地7229.72平方米，建筑面积14249.1平方米，购置了一批联邦德国的新型印刷设备。1976年10月，新厂建成投产。自1994年起连续十余年被北京市质量协会评为“十佳”企业。1990年被评为北京市先进企业，1991年晋升为国家二级企业，同年5月被新闻出版署定为国家级书刊印刷定点企业。1986年，文物出版社印刷厂与英国香港怡和印刷（中国）有限公司合资成立了文怡印刷有限公司，这是改革开放以来，我国印刷行业中的第一家合资企业，开创了印刷业对外合作的先河。2003年，文物出版社印刷厂与香港利奥纸制品集团合作，共同出资成立了北京文博利奥印刷有限公司，主要负责印刷前期的制版工艺，该公司拥有当今世界上最先进的制版系统，产品质量和服务意识属国内领先水平。2013年，文物印刷厂全资收购了对方的全部股份。几十年来，我厂完成了大量精美图书的制作。其中《明式家具珍赏》《中国玉器》《启功书画集》《中国文物精华》《中国美术全集》等百余个品种，先后被评为新闻出版总署和北京市的优质产品，有的产品还获得了国际大奖。

2014年12月，为响应国家环保政策和更好的实现工厂的转型，文物出版社印刷厂搬迁至大兴区西红门镇顶佳文化创业园；同年，得到了财政部文资办的专项资金支持，恢复了珂罗版生产工艺。

2015年1月8日国家文物局及文物出版社领导考察新厂区

国家文物局领导视察印刷车间

印刷车间工作场景

社务集锦

社务活动

2007年6月庆祝文物出版社成立五十周年座谈会与会人员合影

2007年9月我社参加全国出版社编校技能大赛获团体三等奖

2008年5月我社参加国家文物局抗震救灾献爱心捐款活动

2008年6月社长苏士澍参加国家文物局抗震救灾捐款笔会

2008年参加国家文物局机关及直属单位运动会

2009年参加国家文物局庆祝建国六十周年歌咏比赛，获一等奖

2009年表彰暨2010年新春联欢会舞蹈表演

2010年参加国家文物局机关及直属单位运动会

2010年参加国家文物局机关及直属单位运动会

2011年参加国家文物局主办建党90周年歌咏比赛

文物出版社2011年总结表彰暨迎新春联谊会

2011年文物出版社离退休老同志在新春茶话会上合影

2012年参加国家文物局机关及直属单位运动会

2012年参加国家文物局机关及直属单位运动会

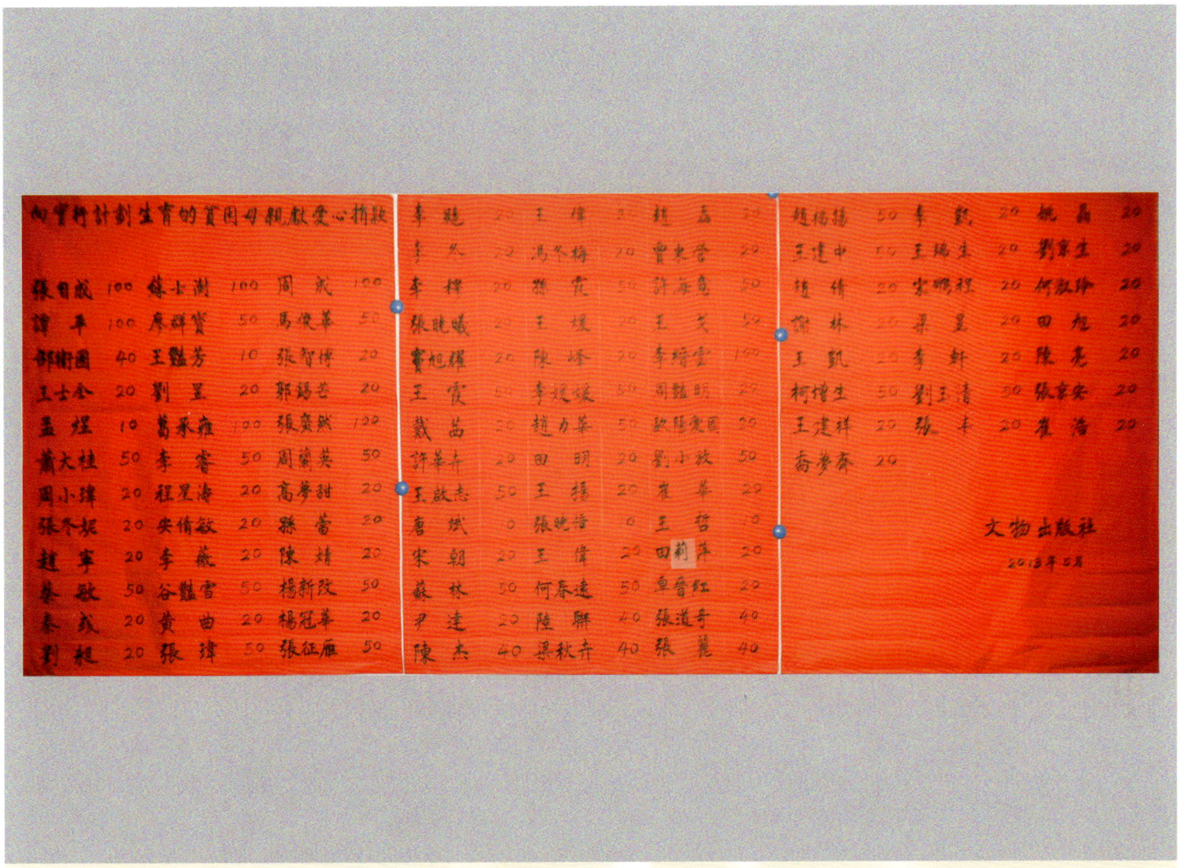

2013年5月在职职工向实行计划生育的贫困母亲献爱心捐款活动

2013年老干部新春茶话会

2013年6月社领导慰问老干部

2013年度总结表彰暨迎新春联谊会

2014年1月21日本社为高级职称受聘人员举行聘任座谈会

2014年2月文物出版社职工运动会一瞥

2014年6月13～14日本社组织离退休党员干部到革命圣地西柏坡参观学习

文物出版社工会于2014年9月26日在奥体中心举办第一届职工健步走比赛

2015年5月本社组织老干部春游活动

2015年6月10日文物出版社“三严三实“专题党课

2015年8月20日副社长周成看望离休老同志高克辛

2016年1月5日社领导与高级职称受聘人员合影

文物出版社工会于2016年1月6日在地坛公园举办第二届职工健步走比赛

2016年4月22日中共文物出版社第四次党员代表大会

2016年7月社党委、纪委邀请中共中央机关刊物《求是》杂志研究员黄苇町为我社党员及文物印刷厂班子成员讲党课

2016年7月20日文物出版社学习贯彻《中国共产党廉洁自律准则》和《中国共产党纪律处分条例》知识竞赛

2016年7月26日本社职工参观新文化运动纪念馆

文物出版社工会于2016年10月24日至10月31日举办以“人与自然”为主题的职工摄影大赛

2016年度总结表彰大会为业绩第一的同志颁奖

2016年度总结表彰暨迎新春联谊会上受表彰职工合影

大事记（2007～2016）

2007年

1月　《全球经典坐标》丛书（7本）、《澧县城头山——新石器时代遗址发掘报告》等图书出版。

3月　《丝绸之路美术考古概论》《中国古玉器图典》《中国文博名家画传·徐森玉》等图书出版。

4月　《2006中国重要考古发现》《法门寺考古发掘报告》（上下）、《梁庄王墓》（上下）等图书出版。

聘任赵磊为编辑专业技术职务。田明由丰台职业教育中心党校调入复制中心。

4月6日至12日，社长苏士澍应日本八王寺宗教法人住持大野亮雄先生的邀请，赴日本参加八王寺为纪念牛头明王铜像获赠15周年举办的特别法会。

5月　《刘九庵书画鉴定文集》《世界遗产·柬埔寨吴哥古迹：周萨神庙》《鸿山越墓发掘报告》《中国古建筑术语辞典》等图书出版。

5月8日至10日，社长苏士澍应台湾中兴大学的邀请，赴台湾中兴大学参加“海峡两岸陈其铨书道纪念馆缔结姐妹馆”暨“两岸书法交流座谈会”。

5月15日上午，“文物出版社成立五十周年庆典大会”在人民大会堂隆重举行。全国政协副主席张思卿，中宣部、文化部、新闻出版总署、统战部、国家文物局及全国各文博和考古单位的领导、专家学者及首都各新闻媒体200余人出席。庆典大会上，全国政协副主席张思卿，新闻出版总署副署长邬书林，文化部副部长、故宫博物院院长郑欣淼，国家文物局党组书记、局长单霁翔，中宣部出版局局长张小影等领导和专家发表了热情洋溢的讲话。讲话中，各位领导对文物出版社50年来，对传承和保护祖国悠久的历史文化遗产所做的贡献，给予了充分的肯定和赞扬，也对文物出版社今后的发展提出了厚望。下午，邀请国家文物局及全国各文博和考古单位的百余名领导、专家学者，邀请出版印制厂的专家和我社离退休老干部到出版社召开座谈会。晚上，在国门饭店举办了庆典晚会。

6月　《中国文博名家画传·郑振铎》《中国皮影艺术史》《圆明园流散文物》《文物出版社50年》《中国文化遗产保护成就通览》《启功书毛泽东诗词十三首》《启功临玄秘塔碑》《景德镇湖田窑址——1988～1999年考古发掘报告》（上、下）等图书出版。

聘任段书安、张广然、李红、张庆玲为编审，聘任窦旭耀、王戈、李飚、王霞、郑彤、赵力华为副编审。

7月 《曾国青铜器》《人文奥运、魅力北京——北京人画北京》《昭化寺》《西汉南越王博物馆珍品图录》等图书出版。

7月10日，我社文物复制中心成功复原《游目帖》。

7月16日至20日，副社长张自成、音像部主任何新河、发行中心副主任王怡、经营服务中心主任张德俊参加“中华书局95周年局庆暨全国古籍出版社精品图书展”，并随团考察了香港及澳门图书市场。

7月19日至24日，社长苏士澍赴香港参加“庆祝香港回归十周年书画展”。

8月 《卢浮宫珍藏展——古典希腊艺术》《朝阳北塔——考古发掘与维修工程报告》《汉魏洛阳故城南郊东汉刑徒墓地》《祁头山——太湖西部新石器时代考古报告之一》等图书出版。

罗亚琳毕业于中央美术学院，入职第五图书编辑部。

9月 《九连墩——长江中游的楚国贵族大墓》等10本湖北省博物馆藏品系列、《吐鲁番柏孜克里克石窟出土汉文佛教典籍》（上、下）、《王冶秋传——一个传奇人物的一生》等图书出版。

9月3日至14日，社长苏士澍、总编辑葛承雍、出版部主任王少华、资料摄影信息中心副主任耿宝随新闻出版总署组团赴俄罗斯参加“第20届莫斯科国际书展”。

10月 《文物行政执法研究与操作实务》《中华人民共和国文化遗产保护法律文件选编》《国际文化遗产保护文件选编》《军都山墓地——玉皇庙》等图书出版。

10月5日至18日，党委书记张全国、文物复制中心主任赵力华、编审李力、李红赴德国参加“第59届法兰克福图书博览会”“2007年比利时中国图书文化节”。

11月 《中国新石器时代——迈向早期国家之路》《秦汉碑刻校勘图鉴》《蓟县独乐寺》《中国古兵与美术考古论集》等图书出版。

王良学调出，任中共国际友谊博物馆总支部委员会书记。

11月24日，由我社、香港理工大学、香港书画学会联合主办的“第六届中国书法史论国际研讨会”在香港理工大学召开，香港各界及各地学者数百人参加了开幕式。

12月 《启功书画论三种》《清代园寝制度研究》（上下）等图书出版。

全年出书335种，出版码洋1.18亿，总印数153.9万册，总印张18557千印张。

本年度《长沙东牌楼东汉简牍》获首届中国出版政府奖提名奖；《真宋本淳化阁帖》获全国优秀古籍图书奖一等奖，《长沙东牌楼东汉简牍》《随州孔家坡汉墓简牍》获二等奖；《雷锋塔遗址》《古代文明研究》《博物馆的深思——苏东海论文选》《大圣遗音——中国古代最美的艺术品》被评为全国文博考古十佳图书，《什邡城关战国秦汉墓地》被评为全国最佳考古发掘报告，《马鞍山文物聚珍》被评为全国文博考古最佳图录，《红山文化研究——2004年红山文化国际学术研讨会论文集》被评为全国文博考古最佳文集。

本年度，我社被新闻出版总署评为首届中国出版政府奖“先进出版单位”，被国家版权局评为全国图书版权输出“先进出版单位”。第五图书编辑部被国家人事部、国家文物局评为“全国文物系统先进集体”。在新闻出版总署组织的全国出版社青年编校技能竞赛中，我社获得团体三等奖，三人获得优秀编校奖。

本年度，我社与日本铁木真电视制片公司、敦煌研究院合作制作了《中国石窟鉴赏——敦煌莫高窟》大型电视专题片。

2008年

1月　《长沙走马楼三国吴简竹简（叁）》（上中下）、《新中国出土墓志·河南（叁）·千唐志斋（壹）》《蒙古民族文物图典》《齐白石书画篆刻精品集》《千年梦华——中国古代陶瓷枕》《华蓥安丙墓》《石家河文化玉器》《新密新砦——1999～2000年田野考古发掘报告》等图书出版。

聘任陈峰、张晓曦为编辑。

1月8日至15日，社长苏士澍应Getty研究院、洛杉矶加州大学亚洲语言与文化中心和美国长青书局的邀请，赴美国参加UCLA大学和Getty中心举办的中国艺术品拍卖研讨会等文化交流活动，并在美国长青书局进行了授课。

2月　我社荣获首届中国出版政府奖先进出版单位奖。《中国文博名家画传·张伯驹》《邹城汉画像石》图书出版。

聘任蔡敏为编审，聘任王少华、张玮、杨新改、周小玮为副编审。

3月　《德清火烧山——原始瓷窑址发掘报告》《湖北出土文物精粹》（英文版）、《古代金银器（20世纪中国文物考古发现与研究丛书）》《汉字书写指导手册》等图书出版。

3月27日，我社与广东顺德乐从镇人民政府、中国书画收藏家协会等联合在乐从镇举办为期4天的“艺术乐从、慈善乐从——2008中国（乐从）名家书画慈善拍卖认捐会”，筹得善款400多万元，全部捐给乐从慈善会。

4月　《清宫瓷胎画珐琅研究（1716～1789）》《勐马档案（北京文化遗产保护中心丛书）》《紫砂大师访谈录四川文庙（四川古建筑大系）》《铅同位素考古研究（北京大学震旦古代文明研究中心学术丛书之

十四）》《山西古代彩塑》等图书出版。

聘任张冬妮为编辑。

4月2日至13日，总编辑葛承雍、副总编辑李克能、总编室副主任肖大贵、第三图书编辑部编审李穆赴美国参加在亚特兰大举行的“第60届亚洲图书馆年会”以及美国长青书局在洛杉矶举办的“中华古籍图书文化研讨会”，并赴加拿大考察出版业的现状并与出版商进行了座谈。

我社参加国家文物局组织的春季职工运动会，取得了拔河比赛第一名、集体跳绳比赛第二名的较好成绩。

5月　《商衍鎏诗书画集》《文化遗产保护地方法律文件选编》《魅力埃及》《殷虚书契考释原稿信札》等图书出版。

全社向汶川地震灾区捐款共计8万余元。

6月　《追索流失海外的中国文物》《商衍鎏商承祚藏朱次琦康有为信翰》《始信昆仑别有山——海外游学日记选辑》《宣化下八里Ⅱ区辽壁画墓考古发掘报告》《赫章可乐二〇〇〇年发掘报告》《博物馆免费开放参观指南》《苏州云岩寺塔维修加固工程报告》等图书出版。

7月　《丝路胡人外来风——唐代胡俑展》《制胜之道——孙子兵法暨中国古代军事文物精品展》《中国记忆——五千年文明瑰宝》《奇迹天工——中国古代发明创造文物展》《恭王府明清家具集萃》《馆藏青铜器病害与图示》等图书出版，中华人民共和国文物保护行业标准丛书起步。

8月　《古玉鉴别》（全二册）、《文物藏品定级标准图例·文房用具卷》《中国古代砖刻铭文集》《南越宫苑遗址》（上、下）等图书出版。

刘婕毕业于中央美术学院，入职《文物》月刊编辑部。

9月　《西藏布达拉宫壁画保护修复工程报告》《中国西北地区先秦时期的自然环境与文化发展》《佛教慈悲女神中国古代观音菩萨》等图书出版。

张丽从北京射击队调入出版部，时麟智从中国合作贸易企业协会调入计划财务处。

10月　《唐长安醴泉坊三彩窑址》《吉金铸华章——宝鸡眉县杨家村单氏青铜器窖藏》《常州博物馆50周年典藏丛书》《文物保护工程监理报告选编》《长治五代建筑新考》《随州擂鼓墩二号墓》《近现代名家书画集》《文物养护工作手册》等图书出版。

王媛毕业于北京工商大学，入职资料摄影信息中心。

日本筑摩书房购买版权并出版了我社图书《孙膑兵法》日文版文库本。

11月　《中国文物事业改革开放三十年》《全国重点文物保护单位》（全三

卷）、《大越遗珍——鸿山越墓文物菁华》《晋国霸业——山西出土两周时期文物精华展图录》等图书出版。

12月 《文物行政执法案例选编与评析》《大同华严寺（上寺）》《汝帖》《宿白未刊讲稿系列·张彦远和〈历代名画记〉》《海上丝绸之路——广州文化遗产》（全三卷）等图书出版。

本年度，我社被国家机关工委评为社会主义精神文明建设“文明单位”。

全年出版图书329种，出版码洋1.25亿，总印数117.2万册，总印张1.43万千印张。

本年度，《长沙东牌楼东汉简牍》荣获首届中国出版政府奖图书奖提名奖；《全国重点文物保护单位（1～5批）》《苏州博物馆藏七十二状元扇》荣获首届中国国际封面文化博览会最优秀的图书封面奖；《三星堆与南丝路：中国西南地区的青铜文化》《中国古玉器图典》《梁庄王墓》（上下）、《新疆的青铜时代和早期铁器时代文化》《世界遗产·柬埔寨吴哥古迹：周萨神庙》《湖北省南水北调工程重要考古发现Ⅰ》被评为2007年度全国文博考古十佳图书；《北福地：易水流域史前遗址》被评为2007年度最佳考古发掘报告；《中国新石器时代：迈向早期国家之路》被评为2007年度全国文博考古最佳翻译作品；《长江中游文明之旅丛书》（11册）被评为2007年度全国文博考古最佳普及类图书。

2009年

1月 《先秦玺印图说》《秦汉简牍文书分类辑解》《西安大遗址保护》《中华与世界文明图表》《启功隽语》《中国法书全集·先秦秦汉》《佛教美术全集》（全17册）等图书出版。

聘任李缙云、谷艳雪为编审，聘任耿宝、安倩敏、郑华为副编审。

2月 《中国古玉器鉴定丛书》《香山大悲菩萨传》《瘗鹤铭摩崖石刻（水前本）》《古文字演变趣谈》《河南省南水北调工程考古发掘出土文物集萃（一）》等图书出版。

2月8日，国家文物局党组研究决定，免去李克能的文物出版社副总编辑职务，按规定办理退休手续；免去张自成的文物出版社副社长职务，调任中国文物报社总编辑。

2月12日至14日，社长苏士澍赴澳门参加“中华人民共和国成立60周年部长书画展暨澳门回归10周年庆典展”。

3月 《中国—意大利合作洛阳山陕会馆保护与修复图说》《文物保护学》《湖南宋元窖藏金银器发现与研究》《武当山紫霄大殿维修工程与科研报告》等图书出版。

3月25日，社长苏士澍荣获第十届“韬奋出版奖”。

聘任赵宁、李东、罗亚琳、王铮为编辑。

赵荣璋由中央电视台调入音像部。

4月 4月3日，国家文物局党组研究决定，任命周成为文物出版社副社长。

《博物馆陈列展览内容策划与实施》《田野考古工作规程》《晋国青铜艺术图鉴》《神秘的古蜀王国——三星堆·金沙文物珍宝》《中国竹木牙角器全集·牙角器》等图书出版。

4月18日至23日，总编辑葛承雍、出版部副主任陆联、校对科科长周兰英赴英国参加“第39届伦敦书展”。

4月27日至5月5日，应台湾上海书店的邀请，社长苏士澍、资产财务处副处长杜小华、文物复制中心编辑许华卉赴台北参加“萃赏集珍”书画展暨“百册中国历代法书精品大观在台新书发表会”并出席开幕式。

5月 《四川博物院文物精品集》《新中国出土书迹》《解说的职业艺术》《博物馆教育新视阈》等图书出版。

6月 《宿白未刊讲稿系列·汉文佛籍目录》《俞伟超先生纪念文集·学术卷》《俞伟超先生纪念文集·怀念卷》《景德镇出土明代御窑瓷器》《中国古建史论丛书·柴泽俊古建筑修缮文集》《中国文化遗产词典》《法门寺文物图饰》《陕西出土汉代玉器》等图书出版。

6月3日至10日，应奥地利萨尔茨堡大学邀请，总编辑葛承雍赴奥地利参加“第三届国际中国和中亚景教研讨会”。

6月11日至20日，党委书记张全国、副总编辑张昌倬赴南非参加“开普敦书展”，并赴埃及进行文化交流并参加赠书仪式。

7月 《曾国青铜器研究》《第三届启功书法学国际研讨会论文集》《历代书籍装帧艺术》《宁安虹鳟鱼场——1992～1995年度渤海墓地考古发掘报告》（上下）、《渤海上京城》（全三册）、《博物馆纺织品文物保护技术手册》《^{14}C测年及科技考古论集》等图书出版。

8月 《两城镇遗址研究》《敦煌石窟造像思想研究》《秦陶文新编》《北周田弘墓》（全二册）、《中国文博名家画传·柴泽俊》《沈鹏书自作诗词百首》等图书出版。

宋朝毕业于北京电影学院，入职资料信息中心；程石由北京大学应届分配到我社《文物》月刊编辑部工作；高梦甜毕业于中国传媒大学，入职总编室；梁昱毕业于北京青年政治学院，入职资料信息中心。

8月6日至11日，党委书记张全国、第四图书编辑部主任张广然、副编审李飚前往蒙古国首都乌兰巴托参加“古代回鹘考古学文化国际学术研讨会”。

9月 《神韵——武当道教造像艺术》《中国考古60年（1949～2009）》

《意大利文化与景观遗产法典》《苏秉琦文集（二）》《苏秉琦文集（三）》《早期中国——中华文明起源》《中国文物地图集·四川分册》（上中下）、《峡江遗珍——三峡工程湖北段出土文物图集》《文物进出境审核工作手册》《“三普人”手记——第三次全国文物普查征文选集》《复兴之路》《秦始皇帝陵》《河南省文物志》（上下）等图书出版。

10月　本社就《20世纪中国文物考古发现与研究丛书·商周金文》与韩国China House Publishing Co.达成韩文出版协议。

10月10日至18日，第二图书编辑室编审张庆玲、资料摄影信息中心副编审郑华赴德国、比利时参加“第61届法兰克福书展”及“布鲁塞尔中国图书展”。

10月21日，由我社和西安碑林博物馆共同主办的“第七届中国书法史论国际学术研讨会”在碑林博物馆举行。

《东风西渐——中国西北史前文化之进程》《 20世纪中国考古学史研究论丛》《盛放莲华——历代佛像撷珍》《第七届中国书法史论国际研讨会论文集》《影像水陆庵》等图书出版。

11月　《上海明墓》《中国历代钧瓷釉色》《和林格尔汉墓壁画孝子传图辑录》《中枢与象征——佛山祖庙的历史、艺术与社会》《老河口九里山秦汉墓》等图书出版。

12月　《米脂官庄画像石墓》《郭沫若致容庚书简》《中国文物事业60年》《中国美术鉴藏史稿》等图书出版。

本年度，出版图书310种，出版码洋1.5亿，总印数11.5万册，总印张1.87万千印张。

《中国记忆——五千年文明瑰宝》获“世界最美的书”荣誉奖和第二十届香港印制大奖；《殷墟甲骨辑佚——安阳民间藏甲骨》《殷虚书契考释原稿信札》分获全国优秀古籍图书奖一等奖、二等奖；《世界遗产·柬埔寨吴哥古迹：周萨神庙》《蓟县独乐寺》获第一届中国建筑图书奖“向全国图书馆推荐书目”；《应县木塔》获第二届中国建筑图书奖；《太仓文物精华》获第二届中华印刷大奖铜奖。《文物》月刊被中国学术期刊评价委员会评为“RCCSE中国权威学术期刊”，并录入《中国学术期刊评价研究报告》。

我社荣获国家版权局2007至2008年度全国“查处侵权盗版案件有功集体”一等奖。在国家文物局系统组织的“庆祝建国60周年歌咏比赛”中我社荣获一等奖。

2010年

1月　《银雀山汉墓竹简（贰）》《军都山墓地——葫芦沟与西梁 （一、

二）》《香港考古学叙研》《江西明代藩王墓动物考古（第1辑）》等图书出版。

聘任刘小放为编审，聘任孙雷、李睿、贾东营为副编审，聘任吴琰、许华卉为编辑。

1月25日，国家文物局党组研究决定，侯菊坤兼任文物出版社党委书记（正局级），张全国不再担任文物出版社党委书记职务；任命张全国为文物出版社社长，苏士澍为名誉社长；免去苏士澍文物出版社社长职务。

2月 《玉海聚瑛——当代海派玉雕大师精品集》《世界岩画Ⅰ·亚非卷》等图书出版。

本社向商务印书馆（香港）有限公司输出《文明的长河——中外文化艺术对照年表》（插图本）的版权。

3月 《苏秉琦文集（一）》《麦积山石窟研究》《百年稚柳——纪念谢稚柳诞辰100周年书画特辑》等图书出版。

3月15日，“笔墨纸砚 承载文明——苏士澍金石书法文房展”在全国政协礼堂举行。第十届全国政协副主席张思卿，第十一届全国政协副主席白立忱、孙家正、李金华、郑万通，中共中央统战部副部长楼志豪，国家文物局局长单霁翔出席开幕式并剪彩，故宫博物院院长郑欣淼、中国国家博物馆馆长吕章申、全国政协书画室副主任赵喜明，中国书协顾问李铎、佟韦、张飙，以及国家有关部委、中直机关有关部门负责人和首都书法界知名人士200余人出席开幕式并观看了展览。

4月 《一代书圣于右任》《陶器生产、聚落形态与社会变迁——新石器至早期青铜时代的垣曲盆地》《论中华民族——从地域特点和长城的兴废看中华民族的起源、形成与发展》《东风西渐——上海市历史博物馆藏欧洲瓷器》《邓石如书法编年图目》（上下）等图书出版。

4月20日至29日，总编辑葛承雍、副社长周成、第二图书编辑部副编审王戈前往希腊参加“2010年希腊萨洛尼卡国际书展”。

本社向三联书店（香港）有限公司输出《中国历史年代简表》的版权。

我社组织参加国家文物局第六届职工运动会，取得了团体第一名的好成绩。

5月 《汉传佛像时代与风格》《文·宴——中国区域博物馆交流展览文献集（壹）》《中国碑拓鉴别图典》等图书出版。

6月 《中国文物地图集·重庆分册》《梁带村芮国墓地——2007年度发掘报告》等图书出版。

我社近年出版的《华侨博物馆藏品精华》《中国文化遗产词典》《明式家具珍赏》《复兴之路》《全国文物保护单位》等105种图书，在国家副主席习近平访问老挝、孟加拉、新西兰、澳大利亚时，被作为国礼用书赠送国际友人。

7月 我社制定的《文物出版社转制组建文物出版社有限责任公司工作方案》《文物出版社有限责任公司组织机构和管理构架方案》《文物出版社有限责任公司章程》《文物出版社转制职工社保衔接与安置方案》《文物出版社有限责任公司企业年金工作方案》《文物出版社有限责任公司岗位与目标管理责任制实施方案》《文物出版社有限责任公司考核与绩效工资方案》《文物出版社有限责任公司中长期发展规划纲要》等一批重要的转制文件获中央文化体制改革工作领导小组办公室批复，我社正式由事业单位转制为企业。

《梁带村芮国墓地——2007年度发掘报告》《扬州城——1987～1998年考古发掘报告》《汉魏洛阳故城南郊礼制建筑遗址》《古都遗珍——长安城出土的北周佛教造像》《安阳殷墟小屯建筑遗存》《古代碑帖译注》《中国佛教石窟寺遗迹——3至8世纪中国佛教考古学》《沅水下游楚墓》《徐邦达审定中国古代书画精品选集（壹）》《闻宥落照堂藏青铜器拓本》等图书出版。

8月 《科尔沁文明——南宝力皋吐墓地》《启功与笔工》《清宫医药与医事研究》《中国考古学（下）——汉唐宋元考古》《丝绸之路——大西北遗珍》《文物保护研究新论（二）》等图书出版。

刘昶毕业于北京大学，入职第一图书编辑部；周艳明毕业于西北大学，入职《文物》月刊编辑部；李轩毕业于成都理工大学，入职发行部。

9月 《博物馆的沉思——苏东海论文选（卷三）》《瀛海埙箎——吾师溥心畬旅日逸品集》《北京地区基督教史迹研究》《宋代青白瓷的历史地理研究》《谢辰生文博文集》《绵阳窟龛——四川绵阳古代造像调查研究报告集》《印度现代艺术展》等图书出版。

10月 《19～20世纪俄罗斯远东南部地区考古学——主要作者生平及著作目录索引》《中国钱币博物馆藏品选》《新形势下博物馆工作实践与思考》《西汉帝陵钻探调查报告》《朝阳袁台子——战国西汉遗址和西周至十六国时期墓葬》《哈克遗址——2003～2008年考古发掘报告》等图书出版。

10月5日至14日，名誉社长苏士澍、第一图书编辑室编审谷艳雪、第五图书编辑室副编审张征雁和郭维富随中国国际图书贸易总公司赴德国参加法兰克福书展。

11月 《中国文字博物馆》《湖北省南水北调工程重要考古发现（Ⅱ）》《都江堰二王庙震后抢险保护勘察报告》《守望大三峡——三峡工程文物保护与管理》《五台山佛光寺》《曹操高陵考古发现与研究》

《杨新书画鉴考论集》《姜女石——秦行宫遗址发掘报告》（全二册）、《中国文物地图集·宁夏回族自治区分册》《美岱召壁画与彩绘》等图书出版。

聘任李穆、李红为编审专业技术岗位三级。

12月 《春华秋实——国家文物局60年纪事》《文物保护科技法律文件选编》《张大千人物画稿》《中国文物地图集·西藏自治区分册》等图书出版。

12月16日，国家文物局党组研究决定，任命张全国为文物出版社董事长、社长、法人代表，张自成为文物出版社总经理，葛承雍为文物出版社总编辑、副总经理，张昌倬为文物出版社副总经理、副总编辑，周成为文物出版社副总经理、副社长。局党组研究决定，任命张自成为中共文物出版社委员会书记，张自成由中国文物报社调入文物出版社；免去侯菊坤的中共文物出版社委员会书记职务。

12月24日至2011年1月2日，社长张全国、副总编辑张昌倬、《文物》月刊编辑部副编审王霞赴印度、尼泊尔参加“2010年印度德里国际书展”和 “尼泊尔中文图书展销会”。

本年度出版图书316种，出版码洋1.27亿，总印数112万册。

我社共有27种图书在国内外获奖，其中《秦始皇帝陵》荣获第61届被誉为全球印制“奥斯卡”大奖的“美国印刷大奖”；《新中国出土墓志》《秦汉简牍文书分类辑解》《历代书籍装帧艺术》等分获全国优秀古籍图书奖一等奖和二等奖；《文明的长河》被新闻出版总署评为“向全国青少年推荐百种优秀图书”之一；《中国文物事业60年》《中国考古60年》《早期中国》《三普人手记》《洛阳王城广场东周墓》《法门寺文物图饰》被评为首届“紫禁城杯”全国文化遗产十佳图书；音像出版物《敦煌》获第三届中华优秀出版物奖音像提名奖；《中国考古60年》被评为2010年度全行业优秀畅销书。

2011年

1月 《史前中国的艺术浪潮——庙底沟文化彩陶研究》《北京先秦考古》《中国古代设计图典》《朝鲜文化遗迹发掘概报》《妙境梵音——青海藏传佛教艺术精品辑萃》《魏晋南北朝唐宋考古文稿辑丛》《世界岩画Ⅱ·欧、美、大洋洲卷》等图书出版。

1月19日至29日，名誉社长苏士澍、总编辑葛承雍随中国出版工作者协会古籍出版工作委员会赴埃及参加“第43届开罗国际书展”，并访问肯尼亚联合国环境署，商谈出版合作事宜。

本月，撤销了文物出版社原六个图书编辑部和《文物》月刊编辑部，成立了考古、艺术、人文图书中心和期刊中心、综合编辑部（审读室），进一步完善了公司内部机构设置和管理结构。通过竞聘，34人走上中层干部领导岗位。随后进行了处级以下岗位的全员竞聘上岗工作，并按照国家有关规定，签署了劳动合同。

2月　《玉环文物概览》出版。

聘任肖大贵为编审，聘任张道奇、王伟、孙霞为副编审。

2月9日，文物出版社有限责任公司董事会、党委会联席会议研究决定，聘任蔡敏为考古图书中心主任，杨新改、谷艳雪为考古图书中心副主任，张广然为艺术图书中心主任，张征雁、王戈为艺术图书中心副主任，孙霞、许海意为人文图书中心副主任，肖大贵为总编室主任，周兰英、李睿为总编室副主任，李缙云为期刊中心主任，张玮、王霞、李媛媛为期刊中心副主任，赵荣璋为文物音像中心主任，柯增升为文物音像中心副主任，赵力华为文物修复复制中心主任，赵福扬为发行中心主任，王怡、王建中为发行中心副主任，王少华为出版中心主任，陆联为出版中心副主任，耿宝为资料摄影信息中心主任，刘小放、王启志为资料摄影信息中心副主任，廖群宝为综合办公室主任，马俊华、邵卫国为综合办公室副主任，苏林为资产财务部主任，何春远为资产财务部副主任，张德俊为经营服务中心主任，刘玉清为经营服务中心副主任，齐陈为纪检审计室主任。

3月　《颐和园藏明清家具》《丝路遗韵——新疆出土文物展图录》《革命·再革命——从兴中会到广州政权》《第八届中国书法史论国际研讨会论文集》等图书出版。

3月25日至27日，由我社、岳麓书院、西安碑林博物馆、中国简牍博物馆共同举办的“第八届中国书法史论国际研讨会”在长沙岳麓书院内明伦堂举行，研讨会主题是“简帛书法”。

4月　《心游迹——李铁映绘画作品集》《众志成城　雷霆出击——2010年全国重点地区打击文物犯罪成果精粹》《西藏涌泉木刻浮雕唐卡》《佛光寺东大殿建筑勘察研究报告》《阿尔档案》《百工千慧——中国文物保护科学和技术成果展》《全国文物商店典藏书画精品》《集法相庄严——山西博物院藏佛教造像珍品展》《婺州窑精粹》等图书出版。

本社向Hakyoun Cultural Publishing Co.输出《古代人牲人殉通论》的版权。

4月25日，社长办公会研究决定，任命张志军为博文书社经理、法人代表；免去何子亚博文书社经理、法人代表职务。

5月　《契丹风韵——内蒙古辽代文物珍品展》《文物行政执法案例选编与评析（第一辑）》《辽河寻根　文明溯源——中华文明起源展》《清宫旧藏紫檀描金柜格》等图书出版。

总编室被共青团国家文物局委员会授予“青年先锋岗”。

姚晶由国际图书进出口公司调入我社发行中心。

6月 《黄公望富春山居图》《四川邛崃龙兴寺——2005～2006年考古发掘报告》《文物摄影数码技术入门》《李铁映书：庄子·逍遥游》《李铁映书：老子·道德经》《日本古陶瓷研究》《太湖沉宝》等图书出版。

我社合唱队在国家文物局组织的庆祝建党90周年歌咏比赛中获一等奖。

为庆祝中国共产党建党90周年，本月2～3日社党委举办“坚定入党信念，重温入党誓词”主题党日活动，组织全社离退休和在职党员到山西大寨参观学习。新老党员重温入党誓词，学习大寨艰苦创业史和新时期大寨精神。

根据我社党员分布，按照党章和基层党组织换届选举的有关规定和程序，社党委对所辖党支部进行调整和换届选举，撤销了文物出版社原第一、二、三、四、五党支部；组建了文物出版社第一、二、三、四、五、六、七、八、九党支部，成立了各支部委员会。

7月 《启功临宋拓争座位帖》《文明探源与三代考古论集》《商周青铜器的陶范铸造技术研究》《重返巴洛克——那不勒斯的黄金时代绘画》《北京公园分类及标准研究》《陕西省明长城资源调查报告·营垒卷》（上下）、《德清亭子桥——战国原始瓷窑址发掘报告》《中国文博名家画传·张珩》《淮安运河村战国墓》等图书出版。

社党委被评为中央国家机关党工委“先进基层党组织”，第五党支部被国家文物局评为“先进党支部”，社长张全国被评为“优秀党务工作者”，老干部支部书记许爱仙被评为“优秀党员”，第四党支部书记王霞被文化部评为“优秀党员”。社团委在国家文物局组织的庆祝建党90周年党史知识竞赛中获三等奖。

8月 《土遗址保护材料探索——非水分散体材料研制及土遗址加固研究》《麦积山石窟环境与保护调查报告书》《义县奉国寺》《丝绸之路上的考古、宗教与历史》《中华文明的始原》《凉山历史碑刻注评》等图书出版。

社工会举行换届选举，成立了新一届工会工作委员会，张昌倬任工会主席，马俊华、唐斌任工会副主席。

8月30日至9月8日，社长张全国、副总编辑张昌倬随中国国际图书贸易集团有限公司赴巴西参加“2011年巴西里约国际书展”，并与古巴商会洽谈业务，考察古巴图书市场。

9月 《古代墓葬美术研究（第一辑）》《民国政要书法集》《古典与唯美——西蒙基金会收藏雕塑、绘画》《南洋筹饷——广州博物馆藏孙中山及其同志有关筹饷手札集》《马家窑文化》《蒙古山水地图》《良渚遗址群考古报告·文家山》《雷峰藏经》《重庆中国三峡博物馆藏文物选粹丛书》《辽宁省明长城资源调查报告》等图书出版。

李媛媛获第一届中央国家机关青年五四奖章。

尹达调入财务部。聘任崔华为编辑。

10月　《中华远古之文化》《佛教与图像论稿》《崇祯本〈金瓶梅〉研究》《庙底沟与三里桥》（汉英对照）、《中国登封窑》等图书出版。

11月　《商衍鎏行草书墨迹——顾寿白藏商衍鎏抗战时期诗稿信函　》《中国辽河碑林》《任志斌传》《楚地出土战国简册合集·1·郭店楚墓竹书》《长沙走马楼三国吴简·竹简（第4卷）》《库木吐喇千佛洞保护修复工程报告》《第三次全国文物普查百大新发现》《辛亥革命在广东——纪念辛亥革命100周年展览图录》《瑶琨美玉——良渚博物院藏良渚文化玉器精粹》等图书出版。

本社向Better Link Press输出《古玉的玉料、古玉的器形与纹饰》的版权。

12月　《开宝遗珍》《殷墟——从考古遗址到世界遗产》《中国古代营造类工官》《长江三峡工程文物保护项目报告·丙种5·云阳张桓侯庙》《历代农民起义军钱币》《契丹史若干问题研究》等图书出版。

12月7日至16日，总编辑葛承雍、期刊中心副主任张玮、艺术图书中心副编审窦旭耀赴澳大利亚、新西兰参加“2011年中文书刊巡回展”。

本年度，出版图书275种，出版码洋1.68亿。

我社共获得“出版政府奖”“三个一百”原创图书奖、“全国文博考古十佳图书”“全国优秀古籍图书奖”“第三届中国书法兰亭奖——编辑出版奖”“全国出版社青年编校大赛”等25个奖项。有5种出版物列入“庆祝建党90周年重点出版物”6种图书列入“首届百种优秀民族图书”书目，3种图书被列为“2011年度全行业优秀畅销品种”。

2012年

1月　《晋国宝藏——山西出土晋国文物特展》《里耶秦简（壹）》《明蓟镇长城——1981～1987年考古报告（第一卷山海关）》《明蓟镇长城——1981～1987年考古报告（第二卷黄土岭）》《汉长安城遗址保护》《苏州博物馆馆藏文物系列丛书·苏州博物馆藏古籍善本》《中国国家博物馆展品中的100个故事》《博物趣吧·80件最有意思的中国青铜器》等图书出版。

聘任赵力华、王霞、李飚、张征雁为编审，　聘任黄曲为副编审。

2月 《玄色之美——中国历代黑釉瓷器珍品》《禅风与儒韵——宋元时代的吉州窑瓷器》等图书出版。

3月 《富阳泗州宋代造纸遗址》《道生万物——楚地道教文物》《遂宁金鱼村南宋窖藏》（上下）、《常见文物生僻字小字典》等图书出版。

本社向韩国贝思通版权代理公司输出《商周金文》的版权。

3月14日至23日，总编辑葛承雍、副社长周成应美国亚洲研究学会（AAS）组委会及古巴友谊协会邀请，参加在加拿大多伦多举办的“2012年亚洲研究年会暨亚洲图书馆年会”，并顺访古巴，与古巴文化与出版同业洽谈。

4月 《文物督察年度报告（2009～2010）》《云岭飞歌——云南少数民族文物辑萃》《文物修复与鉴定培训丛书·青铜器修复与鉴定》《陕西历史博物馆学术文库·宁夏农牧业发展与环境变迁研究》《“凿枘工巧”——中国古卧具》《天津博物馆精品系列图集》等图书出版。

聘任周艳明为编辑。赵倩入职发行中心工作。

4月15日至22日，党委书记、总经理张自成与美术副编审周小玮赴英国参加“2012年伦敦书展”。

我社组织员工参加国家文物局举办的“国家文物局第七届职工运动会”，获团体第一名。

5月 《西藏艺术——1981～1997年ORIENTATIONS文萃》《历代书论名篇解析》《大运河清口枢纽工程遗产调查与研究》《长治观音堂明代彩塑》《敦煌南湖乡林场出土东汉铜牛车保护修复报告》《鲁东南沿海地区系统考古调查报告》（上下）、《关中地区唐代墓葬研究》等图书出版。

6月 《盛世回乡——中国回族精品文物》《王世襄柜》《仰观集——古文物的欣赏与鉴别》《科技考古的方法与应用》《张文彬文博文集》（上下）、《世界遗产与可持续发展》《启功诗文选赏析》《北大红楼历史沿革考论》等图书出版。

聘任唐斌为编辑。

7月 社党委组织以“艰苦创业，团结协作，无私奉献”为主题的学习红旗渠精神党日活动，组织党员到河南林州红旗渠参观学习。

《濮阳西水坡》（上下）、《汾阳东龙观宋金壁画墓》《海外回流西藏文物精粹》《外家纪闻——启功先生外祖家的事》《松辽风华——走进契丹·女真人》《浑河下游航空摄影考古报告》等图书出版。

戴茜毕业于南京大学，入职期刊中心。

8月 《登封黑山沟宋墓图像研究》《金属镜——阿尔泰古代和中世纪的资料》《凤阳明皇陵建制与石刻艺术》《夹江千佛岩——四川夹江千佛岩古代摩崖造像考古调查报告》《秦始皇帝陵出土一号青铜马车》等

图书出版。

9月 《南越文王墓》《王羲之书法精论》《辉煌时代——罗马帝国文物》《安徽文明史陈列》（上下）、《中华历史文化名楼丛书》等图书出版。

10月 《荆州楚玉——湖北荆州出土战国时期楚国玉器》《中国古建筑制作技术·五台佛光寺东大殿》《六顶山渤海墓葬——2004～2009年清理发掘报告》《张家山汉简文字编》《华夏瑰宝展》《幻化——王俊懿翡翠艺术》《过渡期青花瓷》《河湟藏珍·民族民俗文物卷》《河湟藏珍·历史文物卷》《河湟藏珍·藏传佛教文物卷》等图书出版。

10月15日至24日，名誉社长苏士澍随中华人民共和国外交部代表团赴越南、菲律宾、泰国执行文物考察任务。

11月 社党委召开学习宣传贯彻党的十八大精神动员大会，制定了《文物出版社党委学习宣传贯彻十八大精神工作方案》。

《元中都——1998～2003年发掘报告》（上下）、《走向现代——英国美术300年》《闽南民俗过台湾——文物述说两岸风情》《查海——新石器时代聚落遗址发掘报告》（上中下）、《新疆下坂地墓地》《厉华说红岩·军统集中营》《成都出土历代墓铭券文图录综释》（上中下）、《牛河梁——红山文化遗址发掘报告（1983～2003年度）》（上中下）等图书出版。

11月22日至12月1日，社长张全国、经营服务中心副主任刘玉清赴台湾参加“第十三届祖国大陆图书展览”。

11月30日至12月6日，总编辑葛承雍应中华炎黄文化研究会、炎黄国际文化协会的邀请，赴澳大利亚参加“二十一世纪中华文化世界论坛”第七次学术研讨会。

12月 《汉长安城桂宫2号建筑遗址（南区）保护工程报告》《清代园寝志》（上下）、《契丹风华——内蒙古辽代文物珍品》《镇江出土金银器》《杭埠河中游区域系统调查报告》《翡色出高丽——韩国康津高丽青瓷特展》《大元帆影——韩国新安沉船出水文物精华》等图书出版。

12月17日，国家文物局党组研究决定，免去张全国文物出版社董事长、社长、法人代表职务；免去张昌倬文物出版社副总经理、副总编辑职务，按规定办理退休手续。

12月26日，国家文物局党组研究决定，任命张自成为文物出版社社长、董事长、法人代表；谭平为文物出版社副社长、副总经理；张广然为文物出版社副总编辑、副总经理。

本社与科学出版社东京分社就《文物藏品定级标准图例》（全6卷）签订日文出版协议，将这套丛书推向日本市场。

本年度，出版图书305种，出版码洋1.7亿元，总印数80.2万册，总印张数13000千印张。

我社出版的国家重大出版工程项目《中国美术分类全集》获得中宣部和新闻出版总署的表彰，该书责任编辑等8人被授予"特别贡献奖"。《翰墨书香——苏士澍"读书箴言"书法集》被推荐为全国青少年百种优秀图书；《长安新出墓志》荣获第27届全国优秀古籍图书奖一等奖；《古代碑帖译注》与《说笔》被评为"2011年度全行业优秀畅销品种"。在第三届"紫禁城杯"图书评选中，《第三次全国文物普查百大新发现》《足迹：考古随感录》《河西走廊史前考古调查报告》被评为"十佳图书"，《运城盆地东部聚落考古调查与研究》《百工千慧——中国文物保护科学和技术成果展》《义县奉国寺》被评为"优秀图书"；《文物》月刊被RCCSE权威期刊、核心期刊评为"A+权威期刊"。

2013年

1月　《楚地出土战国简册合集（二）》《杭州蒋村古钱币窖藏》《代海墓地黄金草原——中国古代北方游牧民族文物》（汉英对照）、《淮土遗珍——淮南市文化遗产保护与展示》《桂阳刘家岭宋代壁画墓》《南宋御街遗址》（上下）、《中国西域·丝路传奇》（汉日对照）等图书出版。

1月9日，国家文物局党组研究决定，调张全国到鲁迅博物馆，按规定办理退休手续。

2月　《南宋临安府治与府学遗址》《中国古代舍利瘗埋制度研究》等图书出版。

聘任张玮、郑彤、杨新改为编审，聘任赵磊、梁秋卉、秦彧、杨冠华、欧阳爱国、许海意、李媛媛为副编审，聘任刘昶、王媛为编辑。

3月　《玉石之魂——中国社会科学院考古研究所发掘出土商周玉器精品》《天津博物馆文物展览系列图集·安和常乐——吉祥文物陈列》《先秦考古研究——文化谱系与文化交流》《先秦考古研究——聚落形态、人地关系与早期中国》《赵朴初书法集》《俄罗斯滨海边疆区女真文物集粹》（汉俄对照）、《俄罗斯滨海边疆区渤海文物集粹》（汉俄对照）等图书出版。

3月5日，"孙机先生新作《仰观集》出版座谈会"在我社召开。来自中国社会科学院考古研究所、中国社会科学院文学研究所、中国国家博物馆、北京大学考古文博学院、中国人民大学国学院、中央美术学院人文学院等单位近30位专家学者参加了这次座谈会。

3月15日，社党委扩大会议研究决定：成立科技保护图书编辑中心，王戈、窦旭耀、陈峰由艺术图书编辑中心调到科技保护图书编辑中心（王戈任科技保护图书编辑中心副主任，主持工作）；期刊中心改名为《文物》月刊编辑中心；社内部分人员工作岗位调整：梁昱由资料摄影信息中心调到发行中心，王媛由资料摄影信息中心调到人文图书编辑中心，田莉萍由资产财务部调到资料摄影信息中心，王扬由艺术图书编辑中心调到资料摄影信息中心，王哲由音像中心调到资料摄影信息中心，梁秋卉由期刊中心调到出版中心，陈亮由期刊中心调到发行中心，程星涛由期刊中心调到总编室，张玮、李穆由期刊中心调到艺术图书编辑中心（张玮任艺术图书编辑中心副主任，主持工作）。

4月　《中国文物艺术品拍卖二十年（1992～2011）》（全三册）、《2011打击文物犯罪专项行动成果精粹》《晋阳古刻选——隋唐五代墓志》等图书出版。

4月1日，社党委研究决定，免去张德俊经营服务中心主任职务，任命为文物出版社印刷厂厂长、党委书记、法人代表。

聘任田旭、刘京生、姚晶为发行中心经理。

5月　《博物馆教育北京论坛·博物馆与儿童教育》《周口店遗址保护工程报告》《水井街酒坊遗址发掘报告》《古代玉器鉴定通论》《长城资源调查工作文集》《萧山柴岭山土墩墓》《余杭小横山东晋南朝墓》（全二册）等图书出版。

谢林由北京禹田图书有限公司调入我社发行中心，智朴由中国现代美术文献研究中心调入我社艺术图书编辑中心。

5月20日至30日，名誉社长苏士澍赴美国、加拿大部分著名图书馆访问，考察散失海外古籍的存藏情况。

6月　《单霁翔文博文集》（全三册）、《线条艺术的遗产——唐乾陵陪葬墓石椁线刻画》《晋善晋美·三晋窑火——中国古代山西陶瓷特展》《丽质华堂——中国紫檀博物馆》等图书出版。

为纪念毛泽东同志诞辰120周年，文物出版社隆重推出宣纸线装珂罗版、雕版刷印朱砂本双版联璧装《毛泽东诗词六十七首》和龙鳞装《毛泽东诗词墨迹》长卷，编号限量发行。

高群由中国国际图书进出口总公司调入我社，任博文书社经理。张志军由博文书社经理调任经营服务中心保卫科长。

退休人员张东海、杨搴于本月8日、10日先后去世。

6月7日至12日，总编辑葛承雍应奥地利萨尔茨堡大学宗教系邀请，赴奥地利参加"第四届中国及中亚的东方教会"国际会议并发表演讲。

7月　《善本碑帖过眼录》《茂县营盘山石棺墓葬地》《第一次全国可移动文物普查工作手册》《中国古代壁画经典高清大图系列》等图书出版。

聘任程星涛为美术编辑。孙漪娜由中国文物报社调入我社人文图书编辑中心。

8月 《龙门石窟研究院文物藏品集》《浮梁翠色——江西景德镇元明青花瓷》《中国文物地图集·河北分册》（全三册）、《伊犁草原文化——寻找游牧人的历史轨迹》等图书出版。

吴然毕业于首都师范大学，入职期刊中心。刘永海由国务院参事室机关服务中心调入我社期刊中心。贾琦由农业银行西城支行调入博文书社任副经理。

8月27日至9月3日，本社《文物》月刊编辑部主任李缙云赴美国参加“清华简达慕思—清华国际学术研讨会：第四届新出简帛国际学术研讨会”。

9月 《柳林香严寺研究与修缮报告》《元代永乐宫纯阳殿建筑壁画线描——楼阁建筑的绘制方法》《钟离君柏墓》（全三册）、《李家崖》《茶胶寺庙山建筑研究》《大航海时代与鼓浪屿——西洋古文献和影响精选》（汉英对照）等图书出版。

周宫声、张丰办理退休手续。

10月 《梁王城遗址发掘报告·史前卷》（全二册）、《临淄齐故城》《新城开善寺》《草原金石录》《图像历史艺术·汉代画像石审美研究——以陕北、晋西北地区为中心》等图书出版。

聘任宋朝为美术编辑。

10月8日至17日，副总编辑张广然、考古图书编辑中心副主任杨新改、总编室副主任李睿赴德国参加“第65届法兰克福书展”。

10月18日至25日，名誉社长苏士澍赴澳大利亚、新西兰参加“2013年澳大利亚、新西兰中文书刊巡回展”。

我社与长沙市文物考古研究所、清华大学出土文献研究与保护中心、湖南大学岳麓书院、中国文化遗产研究院联合主办的“长沙五一广场东汉简牍学术研讨会”在湖南长沙召开，来自全国各高等院校和科研机构的简牍文献学专家学者30余人出席。

11月 《赵朴初书法集》（普及本）、《文化遗产展陈创意策划方案》《集阳新大路铺》（全二册）、《世界文化遗产管理手册》《大英博物馆大维德爵士藏中国陶瓷精选》《渤海三彩——渤海上京城出土釉陶》《繁昌窑青白瓷集萃》《中国边疆民族考古文库·前吐蕃与吐蕃时代》《北响堂石窟刻经洞——南区1、2、3号窟考古报告》《鸭绿江、图们江及乌苏里江流域的新石器文化研究》《谢家福日记（外一种）》《明状元图考》（一函四册）、《少儿考古入门》等图书出版。

11月1日至8日，总编辑葛承雍、办公室副主任马俊华、艺术图书编辑中心编审李飏赴土耳其参加“2013年伊斯坦布尔书展”，顺访以色列参加“中以版权和图书贸易洽谈会”。

我社与四川省雅安博物馆联合举办的第九届中国书法史论研讨会在四川雅安召开，来自国内外的书法史学者50余人与会。

博文书社（文物出版社门市部）由琉璃厂搬迁到东直门北小街2号楼。

12月 《长沙走马楼三国吴简·竹简（第7卷）》（全三册）、《随州叶家山——西周早期曾国墓地》《庆阳北石窟寺内容总录》（上下）、《扬州博物馆藏扬州八怪书画集》《中国博物馆志·重庆卷、西藏卷、安徽卷》《湖北省长城资源调查工作报告》《白河流域史前遗址调查报告》《金辉玉德——西安博物院藏金银器玉器精萃》等图书出版。

全年出版图书325种，出版码洋1.54亿 。

全年有25种图书荣获国内外各种奖项，其中《中国法书全集》荣获中国出版政府奖，《走马楼简牍》荣获中国出版政府奖提名奖；《中国古代书画图目》《吐鲁番出土文书》《新中国出土墓志》《髹饰录解说》《中国版刻图录》荣获国家新闻出版广电总局“首届向全国推荐优秀古籍整理图书”；《成都出土历史墓铭券文图录综释》荣获全国优秀古籍图书奖一等奖，《唐大明宫史料汇编》《苏州博物馆藏古籍善本》《古代铭刻论丛》荣获二等奖；《“凿枘工巧”——中国古卧具》被评为“中国最美的书”；《文物》月刊被国家新闻出版广电总局推荐为“百强报刊”；音像出版物《敦煌》（英文版）荣获中国出版协会第四届中华优秀出版物奖音像提名奖；《中华历史文化明楼》入选国家新闻出版广电总局向全国青少年推荐百种优秀图书。

2014年

1月 《寿州窑》《平湖庄桥坟遗址刻画符号图集》《北周史君墓》《五代吴越国康陵》《红山文化玉器鉴赏》（增订本）、《呼伦贝尔民族文物考古大系·陈巴尔虎旗卷》《呼伦贝尔民族文物考古大系·鄂伦春自治旗卷》《王铎书画全集》（全三卷）、《古香遗珍——图说中国古代香文化》等图书出版。

聘任冯冬梅、李东、陈峰、刘婕、张晓曦、陈婧、张晓悟、王哲为副编审，聘任王瑞生为发行中心综合科科长。

2月 《南京报恩寺遗址地宫文物保护研究》《周易·天文·考古》《石头上的佛国》等图书出版。

3月 《大地瑰宝沉香》（全三册）、《孙明经——1939走进雅安》《民国早期高层官僚的瓷器》《河北滦平博物馆金属文物修复报告》《和硕恪靖公主府》《印学研究2014——古玺印研究专辑》等图书出版。

本社承担的“十二五”国家重点图书《带你走进博物馆丛书》全部完成出版。

本社承担的国家新闻出版广电总局“经典中国国际出版工程”项目《博物趣吧丛书：中国最有意思的80件雕塑》（英文版）开始启动，签署项目资助协议书。

4月 《丹青巨匠2——湖南省博物馆藏齐白石书画精品》《良渚遗址群考古报告·卞家山》（全二册）、《古钱文字博物馆》《青铜文物保护技术手册》等图书出版。

唐东亮、赵晶晶、胡奥千调入。

4月8日至28日，根据《党政领导干部选拔任用工作条例》的要求和出版社实际工作需要，在全社范围内进行了部分处级岗位（中层干部）的聘任工作，同时对涉及人、财、物管理等综合职能部门正处级岗位人员进行了轮岗调任，具体如下：廖群宝调任资产财务部主任，免去其综合办公室主任职务；苏林调任出版中心主任，免去其资产财务部主任职务；李缙云调任古籍图书中心主任，免去其《文物》月刊编辑部主任职务；聘任柯增升为综合办公室主任，陆联为经营服务中心主任，张玮为艺术图书中心主任，王戈为科技保护图书中心主任，王霞为《文物》月刊编辑部主任，刘小放为资料摄影信息中心主任，马俊华为纪检审计室主任，李飏为艺术图书中心副主任，杨冠华为《文物》月刊编辑部副主任，贾东营为古籍图书中心副主任，欧阳爱国为文物修复复制中心副主任，张志军为储运部副主任，张道奇为出版中心副主任，张冬妮为总编室副主任，刘昱为办公室副主任。

5月 《河东碑刻精选》《安阳大司空——2004年发掘报告》（上下）、《岩石上的呼麦——达茂草原岩画巡礼》《说陶论瓷——权奎山陶瓷考古论文集》《八连城——2004～2009年度渤海国东京故址田野考古报告》《名窑名瓷》等图书出版。

张朔婷调入艺术图书编辑中心。

完成了图书库房的搬迁工作。库房由原丰台白盆窑物流中心整体搬迁至顺义高丽营，并按照现代物流的要求对各项制度进行整体设计，提升了管理水平。

6月 《唤醒遗迹——城市化背景下的大遗址保护与利用问题》《博物馆全面质量管理》《陕北史城研究》《盛唐风采——唐薛儆墓石椁线刻艺术》《中国博物馆志·陕西卷》《深圳东北地区围屋建筑研究》《海上丝绸之路》《博格达汗宫博物馆维修工程》等图书出版。

聘任王建翔为综合办公室老干部科科长。刘京生退休。

6月10日至17日，总编辑葛承雍、总编室副编审安倩敏、《文物》月刊编辑部副主任杨冠华赴南非参加“2014年南非开普敦国际书展”。
为纪念建党93周年，组织党员到西柏坡、李大钊纪念馆和故居开展“纪承前辈革命精神，开创革命事业新征程’主题活动。

7月 《玉润东方——大汶口—龙山、良渚玉器文化展》《华夏瑰宝》《唐史道洛墓》《百滴图》等图书出版。
聘任戴茜为编辑，聘任李轩为储运部发货科科长。
郑州大学研究生徐旸入职我社综合办公室，吉林大学研究生安艳娇入职我社总编室校对科，北京大学博士王紫微入职我社艺术图书中心，刘强调入我社发行中心。
我社向台湾地区The World Book Co. Ltd（世界书局股份有限公司）输出《博物趣吧·73件最有意思的中国绘画》的版权。
7月1日至6日，社长张自成、出版中心副主任张道奇、人文图书编辑中心副主任孙霞赴日本参加2014年日本东京书展。

8月 《中国绘画全集》（全30册，再版）、《辽海遗珍——辽宁考古六十年展（1954～2014）》《邺城考古发现与研究》《阿房宫考古发现与研究》《大宗维翰——周原青铜器特展》《辽代贵族丧葬制度研究》《内蒙古文化遗产丛书》《中国汉文大藏经总目录》（一函二册）、《仙人洞与吊桶环》等图书出版。

9月 《大漠遗珍——巴丹吉林岩画精粹》《双申遗纪实》《秦兵马俑的考古发现与研究》《公众参与文化遗产保护的法律机制》《中国华侨历史博物馆藏品图录（开馆专辑）》《木雁斋书画鉴赏笔记》（全13册，再版）、《乾隆御制楞严咒御书观世音菩萨普门品》《石峡遗址——1973～1978年考古发掘报告》（上下）、《琼姿玉骨——明清德化白瓷精品展》《真彩秦俑》等图书出版。
陕西师范大学研究生宋丹入职我社科技保护图书中心，张尧由博文书社调入发行中心。
我社将《清代园寝志》独家授权科学出版社东京株式会社出版日文版。

10月 《怎样鉴定书画》《承先启后　一代宗师——张珩诞辰一百周年纪念集》《二里头（1999～2006）》（全五册）、《钱山漾——第三、四次发掘报告》（全二册）、《跨湖桥独木舟遗址原址保护》《海淀文物精选集》《丝绸之路天山廊道——新疆昌吉古代遗址与馆藏文物精品》（上下）等图书出版。
10月7日至14日，副社长谭平、古籍图书中心副主任贾东营、总编室编辑高梦甜赴德国参加“第66届法兰克福书展”。

11月 《丝绸之路》《西戎遗珍——马家塬战国墓地出土文物》《文物工作调研报告汇编（2013）》《隋唐洛阳城——1959～2001年考古发掘

报告》（全四册）、《中国古代铜鼓实测、记录资料汇编》《新疆维吾尔自治区长城资源调查报告》（上下）、《拜城多岗墓地》《早期丝绸之路暨早期秦文化国际学术研讨会论文集》《实施世界遗产公约的操作指南》《意大利共和国关于文化与环境遗产的法律法规汇编》《大遗址遥感动态监测研究》《中国古文字导读·青铜兵器文字》《哈尔滨文庙维修工程报告》《赵朴初写经集》《元刊双印金刚般若波罗蜜经》《观音菩萨慈容五十三现图赞经》《稀见笔记丛刊》《涪陵白鹤梁》《清水刘坪》等图书出版。

储运部李轩调入发行中心。

文物出版社印刷厂完成了外迁大兴工作。工厂的搬迁是一项难度很大的系统工程，从选址、签约、职工安置、厂区装修、搬迁实施、安全保障、恢复生产，一环套一环，每一个环节都不容有失，最终圆满完成。

12月　《于右任书法全集》《新中国出土墓志·江苏2（南京）》《玉炉暖香——沉香雅集》《朝天宫古建筑群修缮报告》《安徽江淮地区商周青铜器》《动物考古（第2辑）》《广汉二龙岗》等图书出版。

12月11日至18日，名誉社长苏士澍、总编辑葛承雍、艺术图书中心主任张玮、发行中心何淑玲、综合办公室张智博赴台湾参加“第十五届祖国大陆书展暨出版基金成果展”，并举办“中华传统文化论坛”及《开成石经》新书发布会暨手拓碑帖技术表演活动。

全年出版图书297种,出版码洋2.19亿。

全社有13种图书获各类奖项。《文物》杂志荣获2014年中国最具国际影响力学术期刊；《二里头》《草原金石录》等12种图书分获社科院创新工程重大人文基础研究成果奖、优秀古籍图书奖、文化遗产年度十佳图书以及相关省份的哲学社会科学优秀成果奖。

本年度，我社数字化转型工作全面启动。完成了“中国文化遗产多媒体资源库项目”“文物3D影音制作系统项目”建设招标工作，系统搭建基本完成。

2015年

1月　《中国皮影戏全集》（全24册）、《中国动物考古学》《新疆昌吉回族自治州考古调查与发掘》《朱鲔石室》《晋东南早期建筑专题研究》《长治宋金元墓室建筑艺术研究》《长治唐五代建筑新考》《安思远旧藏古陶瓷选萃》《十八罗汉图卷》等图书出版。

聘任王戈、周小玮为编审，聘任赵宁为副编审。

2月　《呼伦贝尔民族文物考古大系·陈巴尔虎左旗卷》《呼伦贝尔民族文物考古大系·扎赉诺尔区卷》《明成祖写经》《林文忠公书金刚经咒

五种》等图书出版。

3月 《皇后的天堂——唐敬陵贞顺皇后石椁研究》《云南古代官印集释》《松石间意——巴蜀地区典藏古琴精品集》《百年寻踪——江汉关博物馆文物精品图录》《秦始皇帝陵出土二号青铜马车》等图书出版。

发行中心李凯调入经营服务中心任保卫科科长。

4月 《权力与信仰——良渚遗址群考古特展》《原始瓷起源研究论文集》《鉴影觅韵——铜镜中的文化与故事》《御书妙法莲华经》《博物馆常用英语》《雪莲堂藏画》（全七册）、《孙子兵法》（朱砂版）、《新镌明刻套色西厢记图册》等图书出版。

读者出版传媒股份有限公司甘肃人民美术出版社社长兼总编辑刘铁巍调入我社，任总编室主任。

聘任邵彬为资产财务部财务科科长，尹达为资产财务部财务科副科长，姚晶、梁昱为发行中心北京片区经理，谢林为发行中心西部片区经理，白爱民为发行中心综合科科长，刘强为发行中心综合科副科长。

肖大贵由总编室调入数字出版中心任主任，李睿由总编室调入科技图书编辑中心任副主任，李斌由门市部调入发行中心。

5月 《聚落演变与早期文明》《藏文书法精粹》《唐卡艺术解读》《唐卡艺术概论》《中国唐卡文化研究文集》《经龙装清孙温绘程甲本图文典藏版红楼梦》等图书出版。

曹妍由发行中心调入资产财务部，伦敦大学亚非学院研究生曲靖入职我社艺术图书中心。

5月26日至6月1日，副总编辑张广然、艺术图书编辑中心副编审冯冬梅赴美国参加“2015年美国BEA书展”。

6月 《明谢增和千家诗注》《中国文化遗产研究院优秀工程项目成果展（2011～2013）》《国家考古遗址公园使用手册》《大风起兮——洛阳两汉彩画》《柬埔寨吴哥古迹茶树胶寺考古报告》《北平研究院北平庙宇调查资料汇编（内一区卷）》《大足石刻千手观音造像抢救性保护工程前期研究》（全二册）、《潼南大佛保护修复工程报告》《剑川象鼻洞旧石器遗址研究》《焦山碑林典藏精品图录》《宣汉罗家坝》《明汲古阁本十三经注疏》（全40册）、《清代营造史料汇编》（全58册）等图书出版。

资料摄影信息中心唐斌调入数字出版中心，西安美术学院本科生张帆入职我社总编室。

6月24日至28日，名誉社长苏士澍应邀赴台湾参加“君子之风——梅兰竹菊书画交流笔会”。

6月26日至28日，《文物》月刊编辑部与重庆师范大学历史与社会学院、重庆市文化遗产研究院联合在重庆承办了“环三峡地区历史时期文明演进及其历史地位”学术研讨会。

6月29日，国家文物局党组研究决定，免去葛承雍的文物出版社总编辑、副总经理职务，调中国文化遗产研究院工作。

6月30日至7月4日，副社长周成、总编室技术副编审孙蕾、资产财务部副主任何春远赴日本参加“2015年日本东京书展”。

7月 《陈簠斋彝器全形拓精选（一）》《新概念唐卡》《中国唐卡》《匝嘎利》（上下）、《噶玛嘎孜画派唐卡》《中国古代石灰类材料研究》《秦韵——大堡子山出土文物精粹》《海上瓷路——粤港澳文物大展》《宝宁寺明代水陆画》《中国古代彩色套印版书图录》等图书出版。

复旦大学研究生彭家宇入职我社数字出版中心，武汉大学本科生周燕林入职我社艺术图书中心，首都师范大学研究生马晓雪入职我社总编室，北京大学研究生陈春婷入职我社考古图书中心。霍然调入数字出版中心，张有为调入发行中心。聘任智朴、吴然为编辑。

为纪念抗日战争胜利70周年暨世界反西斯胜利70周年，结合“三严三实”专题教育，组织党员到平谷鱼子山抗战纪念馆参观学习。

8月 《航空劳作教材》（手稿影印本）、《蒙古国后杭爱省浩腾特苏木胡拉哈一号墓园发掘报告》（全二册）、《扬州出土唐代长沙窑瓷器研究》《四万万人民——中国抗日战争暨世界反法西斯战争胜利七十周年特展》《文物在诉说——中国抗战遗迹概览》《芝加哥菲尔德博物馆藏秦汉碑拓撷英》《沂南北寨汉墓画像》《禅宗大典》（全200册）、《北燕冯素弗墓》《西藏罗布林卡壁画保护修复工程报告》等图书出版。

聘任刘永海为编辑。

9月 《中国釉上彩瓷史略》《青铜时代》《和林格尔墓壁画孝子传图摹写图辑录》《茶胶寺修复工程研究报告》《扬州休园志》（一函八册）等图书出版。

综合办公室徐旸调入艺术图书中心。

9月16日，国家文物局党组研究决定，任命张广然为文物出版社总编辑，刘铁巍为文物出版社副总编辑；免去张广然的文物出版社副总编辑职务。

10月 《凌源小喇嘛沟辽墓》《长沙走马楼三国吴简·竹简（捌）》（上中下）、《江西抚河流域先秦时期遗址考古调查报告（I）》《西厢记》（一函五册）、《花笺汇萃》（一函二册）、《2000年黄骅市海丰镇遗址发掘报告》等图书出版。

10月13日至17日，人文图书中心副主任许海意、艺术图书中心副编审王伟、考古图书中心副编审黄曲赴德国参加第67届法兰克福书展。

11月　《青海玉树新寨嘉那嘛呢震后抢险修缮工程报告》《冥界的秩序——中国古代墓葬制度概论》《齐国故城遗址博物馆藏青铜器精品》《羊草庄汉墓》（上下）、《昭陵墓志纹饰图案》《小兜里》《夏商原始瓷略论稿》《晋祠文化遗产全书》等图书出版。

12月　《大汉绝唱 满城汉墓》《老舍青岛文集》（全五卷）、《中原与北方之间的文化走廊——太行山东麓地区先秦文化的演进格局》《龙泉大窑枫洞岩窑址》（全两册）、《中国文物地图集·黑龙江分册》《汉代合浦港考古与海上丝绸之路》《襄汾陶寺——1978～1985年考古发掘报告》《大河上下——黄河流域史前陶瓷展》《佛学大辞典》（校勘本，全三册）等图书出版。

为健全组织，加强基层支部建设，将在职党员组成的9个支部重组为5个支部，并举行了换届选举，明确了工作目标和任务。

聘任王士全为综合办公室总务科科长，孟煜为总务科主任科员。

12月3日至7日，受台湾惠风堂笔墨有限公司邀请，名誉社长苏士澍、副社长谭平、文物修复复制中心副主任欧阳爱国、博文书社经理高群、发行中心田旭赴台湾与该公司联合举办台湾书展，并参访相关图书单位等文化交流活动。

数字化转型项目推进顺利。“中国文化遗产多媒体资源库项目”“文物3D影音制作系统项目”建设工作全部完成，完成机房及办公室改造装修、硬件部署、软件系统的开发部署、产品体系的确立及资源加工工作，并推出相关数字产品，完成全媒体普法产品、多媒体文博名家精品教程、博物馆珍贵文物数字化保护等数字产品制作。

全年出版图书310种，出版码洋2.32亿元，总印张数2.03万千印张，总册数712915册。

《文物》月刊获“中国人文社会科学综合评价AMI”权威期刊、“RCCSE中国核心学术期刊（A）”和2015年度中文报刊海外发行最受海外机构欢迎50强、“2015期刊数字影响力100强”。

全年有30余种图书获奖。其中《襄汾陶寺考古发掘报告》获社科院创新工程2015年度基础研究重大成果奖；《开成石经》（珍藏版）获第30届全国优秀古籍图书奖一等奖，《敦煌莫高窟题记汇编》获二等奖；《中国唐卡》丛书（12种）获第24届优秀美术图书“金牛杯”银奖，《丝绸之路》获铜奖。《中国历史文化名楼系列丛书》（10种）获首届向全国推荐中华优秀传统文化普及图书奖；《秦始皇帝陵》获2015年第66届美国印制大奖优秀奖；《丝绸之路》《二里头（1999～2006）》（全五册）、《中国绘画全集》（修订版，全30卷）荣获2014年全国文化遗产“十佳图书”；《让文物活起来——文物合理利用经验集萃》、《第一次全国可移动文物普查工作手册》（修订版）、《跨湖桥独木舟遗址原址保护》《说陶论瓷——权奎山陶瓷考古论文集》《仙人洞与吊桶环》荣获2014年度全国文化遗产“优秀图书”。

2016年

1月　《长城保护文件选编》《文物保护法修订研究（一）》《大般若波罗蜜多经》（全10册）、《加拿大皇家安大略博物馆藏中国古代玉器》等图书出版。

聘任贾东营、李睿、窦旭耀为编审，聘任李薇为副编审。

2月　《天龙山石窟保护研究》《西安新获墓志集萃》《文物保护修复理论与实践》《御制全真群仙集》等图书出版。

3月　《河南博物院藏明清书画·书法》《大运河苏州古城段遗产研究报告》《北平研究院北平庙宇调查资料汇编（内三区卷）》《北平研究院北平庙宇调查资料汇编（内二区卷）》《中国陶瓷茶具珍赏》《碑别字新编》（修订本）、《清代皇家陈设秘档·静明园卷》（全16册）等图书出版。

聘任乔梦齐为经营服务中心后勤管理科科长。

我社向日本日中言语文化出版社输出《孙氏家族一脉——孙中山爱女孙婉人生探析》的版权。

4月　《扎滚鲁克纺织品珍宝》《溧阳神墩》（上下）、《东北新石器时代》《东北与北方青铜时代》《西湖名园·郭庄造园手法分析》《钦定天禄琳琅·新定三礼图》（一函五册）、《钦定天禄琳琅·毛诗》（一函五册）、《钦定天禄琳琅·孝经》（一函二册）、《钦定天禄琳琅·周易》（一函五册）、《阅微草堂笔记》（一函十二册）等图书出版。

4月8日至11日，名誉社长苏士澍随中国文学艺术界联合会所属中国书法家协会组织的代表团赴日本执行交流任务。

4月20日，完成了社党委换届改选工作，选举产生出版社新一届党委会和纪律检查委员会。张自成当选为党委书记，张广然当选为党委副书记，周成当选为党委委员，谭平当选为党委委员、纪委书记，张德俊当选为党委委员。廖群宝、马俊华、王霞、王启志当选为纪委委员。

社党委制订并通过《文物出版社贯彻落实“三重一大”决策制度的实施意见》。

5月　《灯影的魅力——大连现代博物馆藏辽南皮影》《印学研究》《石壶册页精品集》《三星堆祭祀坑发掘记》《唐韵胡风——唐墓壁画中的外来文化因素及其反映的民族关系》《苏州博物馆藏晚清名人日记

稿本丛刊》《大同东风里辽代壁画墓》《汉代陵墓石兽研究》《东山村——新石器时代遗址发掘报告》（全三册）等图书出版。

张若衡调入我社考古图书中心，王海东调入我社数字技术制作中心，南开大学研究生吕游入职我社科技保护图书中心，孟庆松、杜兰调入我社资产财务部。

5月9日至16日，社长张自成、《文物》月刊编辑中心编辑刘婕与周艳明赴美国参加“2016年美国BEA书展”。

社纪委制订、社党委通过《中国共产党文物出版社纪律检查委员会工作职责》。

6月　《文明之海——从古埃及到拜占庭的地中海文明》《中国传统蜡染精鉴》《红星照耀鄂豫边》《凤阳明中都字砖》（上下）、《从红楼到故宫——郑欣淼文博文集》等图书出版。

6月16日至25日，名誉社长苏士澍随中共中央对外联络部出访团经匈牙利、土耳其前往保加利亚、罗马尼亚，执行出访任务。

7月　《中国茶文献集成》（全50册）、《日本文化财保护制度简编》《越南义立——冯原文化遗存发掘报告》《烽火雄鹰——梁又铭抗日空战画说》《唐陈元通夫妇墓》《2009～2013年合浦汉晋墓发掘报告》（上下）等图书出版。

社党委组织中层以上干部、全体党员及印刷厂党员到红楼新文化运动纪念馆，举办“回顾历史、凝聚力量、推动发展，争做合格党员”为主题的参观学习活动。

吴琰由首都博物馆调入我社数字技术制作中心，中国传媒大学研究生董婧入职我社数字技术制作中心，北京大学研究生谷雨入职我社艺术图书中心，武汉大学本科生陈博洋入职我社艺术图书中心，北京林业大学研究生王文娴入职我社总编室。

8月　《新中国文物保护史记忆》《应县木塔保护研究》《发现石峁古城》《旧邦新命——新文化运动百年纪念展览图录》《永远的北朝——深圳博物馆北朝时刻艺术展》《金石之躯寓慈悲——美国佛利尔美术馆藏中国佛教雕塑（著录篇）》《金石之躯寓慈悲——美国佛利尔美术馆藏中国佛教雕塑（研究篇）》《西藏丹萨替寺》《光之变革——博物馆、美术馆LED应用调查报告》等图书出版。

聘任宋丹为编辑。

老干部支部完成换届改选工作。

9月　《苏东海思想自传》《山西永乐宫迁建亲临纪实》《殷虚卜辞后编考释》《王大户与九龙山——北方青铜文化墓地》《吉金萃影——贾氏珍藏青铜器老照片》《阮水下游汉墓》等图书出版。

9月21日至23日，《文物》月刊编辑部与开封市文物考古研究所联合承办“北宋东京城遗址保护与资料整理研究研讨会”。

9月22日至26日，副社长谭平与副编审张晓悟、陈峰赴日本参加“2016年日本东京书展”。

10月 《红色英雄路——中国工农红军长征遗迹概览》《孙中山研究综目（1990～2015）》《孙中山祖籍与家世问题研究》《陈耀垣先生传》《瓷韵华彩——景德镇陶瓷馆藏珍》《两城镇——1998～2001年发掘报告》（全四册）、《魏晋南北朝壁画墓研究》（增订版）、《中国收藏拍卖年鉴（2016）》《马家窑彩陶文化探源》等图书出版。

10月18日至22日，副总编辑刘铁巍、副编审张晓曦、总编室副主任张冬妮赴德国参加“第68届法兰克福书展”。

11月 《良渚考古八十年》《成都天府广场东北侧古遗址考古发掘报告》《浦江上山》《 上山文化：发现与记述》等图书出版。

本社向韩国输出《秦汉考古》《宋元明考古》韩文版的版权。

11月10日，社党委举行主题党日活动，组织我社及印刷厂党员到国家博物馆参观纪念红军长征胜利80周年馆藏文物美术作品展。

12月 《半窗意象——图像与考古研究自选集》《北齐徐显秀墓壁画保护修复研究》《绍兴越墓》《京杭大运河清口水利枢纽考古报告》《清华大学藏战国竹简书法选编》（全8册）、《清凉寺史前墓地》《燕京八绝——精制艺术品当代大师作品集》《瓯窑风度》等图书出版。

12月9日，国家文物局党组研究决定，免去谭平的文物出版社副社长、副总经理职务，任命何洪为文物出版社副社长、副总经理。

12月5日至12日，总编辑张广然、编审张征雁、技术副编审梁秋卉、编辑车晋红赴台湾参加“2016年祖国大陆书展”。

12月25日，社党委制订并通过《中共文物出版社委员会工作规则》。

全年出版图书341种，出版可销售总码洋1.88亿，总印数88.05万册，总印张数为1.77万千印张。

《文物》月刊入选“2016中国最具国际影响力学术期刊”和“2016年度中国期刊海外发行百强排行榜”。19种图书荣获多种奖项：《中国皮影戏全集》获第六届中华优秀出版物奖；《簠斋彝器全形拓精选》获第31届全国优秀古籍图书奖一等奖；《袁氏藏明清名人尺牍》获“金牛杯”优秀美术图书奖银奖，《晋祠文化遗产全书》《觯斋瓷乘》荣获“铜奖”，《经龙装苏士澍篆书〈心经〉》荣获“金牛杯”优秀装帧设计奖；《中国古代石灰类材料研究》《柬埔寨吴哥古迹茶胶寺考古报告》《权力与信仰——良渚遗址群考古特展》《中国动物考古学》入选2015年度文化遗产十佳图书，《秦始皇帝陵出土二号青铜马车》《北平研究院北平庙宇调查资料汇编（内一区卷）》《北燕冯素弗墓》《文物在诉说——中国抗战遗迹概览》《襄汾陶寺》入选

（2016 · 郑州）金鼎奖；《鲁荒王墓》获山东省第三十次社会科学优秀成果三等奖；《新泰出土田齐陶文》获第十届山东省社会科学二等奖，《新泰周家庄东周墓地》获三等奖；《鲁东南沿海地区系统考古调查报告》获得第七届高等学校科学研究优秀成果奖（人文社会科学）考古学类一等奖。

职工名录

在职职工名录

社领导： 张自成 苏士澍 张广然 何洪 周成 刘铁巍

综合办公室： 柯增升 马俊华 刘昱 王艳芳 张智博 王健翔 王士全 孟煜

总编室： 张冬妮 孙蕾 李薇 赵宁 陈婧 高梦甜 程星涛 安艳娇 张帆 马晓雪 王文娴 王海东

资产财务处： 廖群宝 何春远 邵彬 尹达 曹妍 孟庆松 杜兰

考古图书编辑中心： 蔡敏 杨新改 谷艳雪 黄曲 刘昶 陈春婷 张若衡

艺术图书编辑中心： 张玮 李飏 王伟 赵磊 冯冬梅 智朴 张朔婷 徐旸 曲靖 周燕林 陈博洋 谷雨

人文图书编辑中心： 孙霞 许海意 张晓曦 王媛 胡奥千

科技保护图书编辑中心： 王戈 李睿 窦旭耀 陈峰 宋丹 吕游

古籍图书编辑中心： 李缙云 贾东营 秦彧 刘永海 李子裔 刘良函

《文物》月刊编辑部： 王霞 杨冠华 周艳明 戴茜 吴然

数字出版中心： 肖大贵 唐斌 彭家宇 李轩

数字技术制作中心： 唐东亮 赵晶晶 孙漪娜 吴琰 董婧

文物复制中心： 欧阳爱国 许华卉 田明

出版部： 苏林 张道奇 梁秋卉 陈杰 张丽

发行中心： 赵福扬 王建中 白爱民 田旭 何淑玲 张玲莉 王凯 姚晶 赵倩 梁昱 陈亮 谢林 刘强 张尧 李斌 张有为

博文书社： 高群 贾琦 李京龙

经营服务中心： 陆联 刘玉清 李凯 乔梦齐 崔浩

资料摄影信息中心： 刘小放 王启志 张晓悟 王哲 王扬 崔华 宋朝 王伟 田莉萍

储运部： 张志军 尚玮 丁志伟

内退人员： 李岚 李有明 姚敏苏 宋鹏程

离退人员名录（1957～2016年）

顾　湄　赵进先　李大杰　高克辛　杨德海　朱启新　赵铁华　白　浪　沈百昌　吴咏春　江淑娟
俞筱尧　黄伟衡　党卿如　甘星华　朱德元　郑广法　乔宏立　楼宇栋　华家琤　娄季清　邸品一
康殿桐　仇德虎　范　纬　黄　逖　李贺仲　王　露　张仲清　陈志安　王丽青　白　朴　田燕玲
杨　瑾　王蕴芝　孙业长　马志卿　庄嘉怡　李中岳　黄文昆　郑　伟　陈　新　于可可　许爱仙
陈家英　贾富珍　李友明　孟宪钧　孙雅荣　王俊起　覃广尤　陈守秋　华　新　邓素娟　毛佩琦
张习广　张　莉　李　莉　孙之常　李　力　汪志慧　谢晓芳　杨长锁　朱澄玉　张小舟　李延邡
李雅菊　于炳文　刘　颖　李克能　段书安　崔志刚　何巧珍　杜小华　马国玉　高　兵　李　红
郭维富　张庆玲　何子亚　郑　华　郭育英　陈国平　齐　陈　王少华　耿　宝　滕玉章　张昌倬
王俊茹　周官声　张　丰　邵卫国　周兰英　刘京生　王　怡　李　穆　李玉来　张京安　赵力华
王瑞生　周小玮　何新河　安倩敏　郭锡芒　张征雁　车晋红

调离人员名录（1957～2016年）*

丁兴章　丁磐石　马天喜　马庆玺　马桂英　马培文　王小宁　王小曼　王云波　王日荣　王　丹
王　玉　王玉霞　王去非　王丙中　王东明　王永芳　王仿子　王　彤　王　迎　王良学　王　苗
王建华　王绍贤　王树敏　王禹时　王莲芬　王家琦　王家骧　王　铮　王淑琴　王绪文　王　琦
王敬仁　王惠庚　王紫微　王　辉　王景芬　王锡珉　王福涛　王瑶卿　韦永好　水　红　毛明达
文　克　计红梅　尹　达　尹润生　孔立航　石玉铎　石焕章　田　明　田育仁　史　玄　刘广和
史敬茹　付瀛莹　邝锦宽　边来宝　吕庆云　朱　明　朱　天　任子华　任井泉　任晓宇　刘小黛
刘成群　刘庆堂　刘志雄　刘启益　刘和平　刘金友　刘宝元　刘建斌　刘　荣　刘恩庆　刘海川
刘雪杉　刘欲晓　刘　婕　刘维欣　刘福顺　刘殿林　刘嘉平　齐喜海　闫亚林　江小东　祁德贵
许春广　许晓东　许爱仙　许蔚文　孙庆仁　孙关根　孙耀中　李文杰　李丙寅　李　东　李有贵
李均明　李　青　李贤达　李金剑　李　诤　李桂兰　李惠贤　李　湜　李媛媛　李德甫　李　衡
杨　轲　杨万成　杨云志　杨心德　杨亚人　杨光海　杨宝珍　杨香蒲　杨　烈　杨富英　时麟智
吴双莲　吴铁梅　吴　琰　何国基　何景善　佟右正　余蓬敏　应承光　冷　健　沈玉成　宋京军
宋惕冰　宋瑞夫　张　可　张士元　张义良　张　平　张永昌　张　扬　张亚宁　张　刚　张全国
张庆十　张　均　张　芳　张　旸　张囤生　张秀勤　张武一　张英杰　张　杰　张学儒　张新颖
张德文　张德俊　张　燕　张燕英　陆友锵　陈万生　陈正达　陈英华　陈明达　陈京华　陈育真
陈荣鲜　陈信堂　陈根荣　陈　野　陈　渊　范　青　林石金　林　征　尚春秋　罗亚琳　罗　琳
金　伟　金冲及　金继红　周长生　庞书田　郑文泉　郑　彤　练　青　赵子忠　赵志军　赵怀卿
赵荣璋　赵振坤　赵桂贞　赵　跃　郝铁群　胡希祖　胡　健　胡家聪　胡清源　胡绳武　郜有庆

侯　莉　俞　明　洪　昕　姚秀英　秦崇鹏　袁继萼　贾玉芳　晏湘鄂　钱碧湘　徐　勇　徐　达
徐鸿玉　徐　斌　殷　稼　高　旭　高君箴　高洪汎　唐东亮　唐吟舫　陶　钧　陶荣生　黄　琪
曹合群　曹治雄　曹建昭　戚务英　龚士友　盛永华　鹿文波　鹿雨梅　鹿金娣　鹿银鉴　章　文
葛承雍　蒋　健　韩仲民　韩继冬　景恩绪　程　石　程同根　童明康　温庭宽　谢征权　靳　静
虞晓勇　解路明　蔡　宏　蔡　森　蔡锦芳　谭　平　黎　华　潘　芬　潘　贺　薛毕群　霍芬桂
霍　然　戴文葆　戴申昌　戴国华　魏仲平　魏俊川

* 调离人员中包括厂社合一时印刷厂的职工，以姓氏笔画为序。

已故人员名录（1957～2016年）

朱重光　柯昌金　阎　清　崔兴仁　潘清俊　黄　怡　曾世聪　赵希敏　姚涌彬　高履芳　石继昌
姚宗贤　张启亚　彭华士　王兴存　田庚寅　王代文　马素琴　叶青谷　符昂扬　乔　人　王代文
王玉贵　王文生　贾瑞凯　糜芝娟　招展路　孙培镜　沈　汇　王醒亚　马黑娃　张圣福　景　春
马慧生　王运成　赵志峰　赵玉兰　王　澂　卢明庄　郑昌政　孙国富　李良娱　廖　英　奚兆燊
张东海　杨　搴　曹　流　侯树鸣　马艾庆　任乾星　胡昭静